COMMENT

LES EMPIRES

REVIENNENT

PARIS. — TYPOGRAPHIE LAHURE
Rue de Fleurus, 9

COMMENT
LES EMPIRES
REVIENNENT

PAR

M. ALBERT DURUY

Prix : **DEUX** francs

PARIS

E. LACHAUD ET Cⁱᵉ, ÉDITEURS

4, PLACE DU THÉATRE-FRANÇAIS, 4

1875

COMMENT
LES EMPIRES
REVIENNENT

I

1871 — 1875

Le 1er mars 1871, l'Assemblée nationale siégeant
à Bordeaux adoptait à la presque unanimité la motion
connue sous le nom de vote de déchéance. L'orgie de
septembre finissait à peine, et par une de ces contradictions où la passion entraîne souvent les Français, le règne de la légalité commençait par la ratifi-
cation d'une usurpation : au lieu d'une flétrissure le
Gouvernement de la défense nationale rencontrait un
acquittement ; au lieu de le décréter d'accusation, on

lui donnait une absolution à laquelle il s'attendait si peu que certains de ses membres n'avaient pas laissé de se mettre à l'abri de l'autre côté de la plus prochaine frontière. Dans cette chambre où les conservateurs étaient alors en grande majorité, huit voix, pas une de plus, s'élevaient contre cette exécution sommaire d'un régime tombé sous la pression de la rue, grâce à la connivence de celui qui avait reçu mandat et qui avait fait serment de le défendre.

Huit voix! ce sera l'étonnement de l'avenir qu'il ne se soit pas rencontré dans le parlement français, après les folies de la défense à outrance, plus de huit hommes pour protester contre un pareil outrage à la morale publique : celles de MM. Gavini, Conti, Abbattucci, Galloni d'Istria, Haentjens, Eschassériaux, de Valon et Murat. Il faut citer leurs noms, moins parce qu'ils ont donné dans un pays où les apostasies sont fréquentes un exemple fortifiant, que parce qu'ils ont eu le difficile courage de braver l'impopularité. C'est pourquoi je les salue en passant; ils sont rares, en France, les courtisans de l'exil, plus rares encore ceux qui savent se dérober à la tyrannie des opinions reçues et des jugements de convention!

Quelques jours après cette mémorable séance du 1er mars 1871, un fait inouï se passait à l'autre extrémité de la France, à Boulogne. Un homme qu'en tout autre pays ses longs services, sa haute position,

son âge même auraient protégé contre toute insulte,
M. Rouher, était l'objet d'une violente agression.
Appréhendé, comme il sortait de chez lui, par une
bande de forcenés, qui en voulaient à ses jours, l'ex-
ministre d'État n'échappait au sort de Vincenzini
qu'au prix d'une lutte acharnée[1].

Voilà sous quels auspices s'ouvrait, pour l'Empire, l'année 1871 : à Bordeaux on cherchait à l'é-
craser sous un vote de mépris; à Boulogne, on le la-
pidait. Et partout en France il en allait ainsi; partout les quelques personnes demeurées ouvertement
fidèles à l'homme de Sedan, comme on parlait
alors, voyaient se dresser devant elles le sentiment
public. Il semblait qu'on se couvrît de honte en
gardant un pieux souvenir au souverain déchu. Au
lieu d'honorer notre fidélité, on nous l'imputait à
crime, on nous la reprochait comme une insulte
au deuil public; que dis-je, on allait jusqu'à l'attribuer aux motifs les moins avouables. Pouvait-on
supporter, en effet, pareille audace? Devait-on tolérer cette insurrection de reconnaissance contre
l'ingratitude de la nation tout entière. Les amours-
propres en eûssent trop souffert; la vanité française ne s'en fût pas consolée. On préférait se
couvrir par un déploiement de patriotisme] plus
bruyant que sincère, et chercher dans l'ostentation

1. Voir à l'*Appendice* la dépêche de M. Thiers relative à cet
événement et la protestation de M. Rouher.

d'une douleur factice l'excuse de sa propre versa-
tilité.

A Paris, surtout, les esprits, surexcités par les ar-
deurs d'un long siége étaient montés au diapason le
plus élevé. Tombé d'une grande chute, comme parle
Bossuet, livré en proie à cette nouvelle invasion
de barbares qu'il avait cru pouvoir arrêter, Paris
avait perdu tout sang-froid, Paris avait la folie du
siége. Dans son égarement, il lui fallait quelqu'un à
dévorer; il se repaissait de l'Empire, en attendant
qu'il sacrifiât une nouvelle victime à son orgueil. Le
temps n'est pas loin où le général Trochu, le plus
populaire de nos hommes de guerre, après l'*héroïque
Bazaine*, se verra décrété d'incapacité par les stra-
tégistes de la garde nationale, et vilipendé par les
héros de Châtillon à l'égal des « capitulards de Sedan. »

Quatre ans bientôt auront passé sur ces choses,
— je ne les qualifie pas, je les raconte, — quatre
ans ne se sont pas encore écoulés depuis ces jours
de honte, où ce qui restait de l'Empire était un objet d'exécration : et l'Empire est debout, non pas me-
naçant comme certains le prétendent, mais expec-
tant, comme il convient à son état présent. Ce déchu
s'est réhabilité; ce maudit s'est relevé !

Il est debout! et pourtant que d'obstacles! Il semblait qu'il eût tout contre lui : ses fautes, le ressen-
timent de la défaite, chez un peuple infatué par vingt
années de gloire, l'hostilité des pouvoirs publics et

des fonctionnaires de tout ordre, l'acharnement des partis coalisés, les calomnies répandues à profusion par la presse et par la gravure, que sais-je? Tout se réunissait pour l'accabler; la mort elle-même, le trahissait.

Dans la soirée du 9 janvier 1873, une sourde rumeur se répandait tout à coup dans Paris : l'Empereur était mort. Ah! ce fut une rude épreuve pour nos courages; et bien peu n'en furent pas ébranlés dans leur foi. Qu'allait il advenir de cet Empire sans Empereur, représenté par une femme et par un jeune homme? Quel fond pouvait-on faire sur cette armée sans chef? Aux yeux de bien des conservateurs, l'Empire c'était Napoléon III; l'homme était tout; tant il valait, tant valait le régime. Du fond de sa retraite, entouré du prestige qui s'attache aux grandes infortunes, l'exilé de Chislehurst apparaissait encore comme une ressource suprême contre la Révolution. Venant à disparaître, l'Empire n'était même plus ce pis-aller auquel on se fût résigné par lassitude et par nécessité. Il perdait son principal mérite, son unique raison d'être, son excuse; il ne répondait plus à ce besoin impérieux d'ordre et d'autorité qui s'empare régulièrement de ce pays après chacun de ses accès de fièvre révolutionnaire; il tombait en quenouille.

Mort l'Empereur, mort l'Empire!

Telle fut l'impression générale : « C'était fait du parti bonapartiste; le dernier mot de l'épopée impériale était dit ! Après la fatalité de la défaite et de l'invasion, la fatalité de la mort. Cette fois notre rôle était bien fini ; nous appartenions désormais à l'histoire. Il ne nous restait plus qu'une ressource, c'était de nous fondre dans le parti conservateur, après avoir humblement confessé nos péchés et renié notre foi. » La presse fut unanime[1].

Qu'est-il arrivé cependant ? Une chose inouïe : le coup qui devait achever le parti bonapartiste, n'a fait que surexciter son énergie. Un moment étourdi par la violence et la soudaineté du choc, il s'est bientôt, à la voix de ses chefs, relevé par un effort de volonté, qui est peut-être unique en son espèce, et de son écrasement il a su faire une apothéose. C'est au milieu d'un royal concours, entouré, comme aux Tuileries, de sa maison, de ses ministres et des grands corps de l'État, suivi de plus de trois mille Français accourus de tous les points du pays[2] pour lui dire un dernier adieu, que l'exilé de Chislehurst descendit au tombeau. Ses funérailles, comme autrefois celles de nos rois, furent un véritable avénement : nous connaissions désormais notre force ; nous nous étions comptés ; la résurrection allait commencer.

Comment appeler d'un autre nom le merveilleux

1. Voir à l'*Appendice* les extraits des principaux journaux.
2. Malgré la rigueur de la saison et les entraves apportées par une administration jalouse à cette explosion du deuil national! Voir à l'*Appendice* la circulaire du général de Cissey.

travail de relèvement auquel le parti bonapartiste
doit d'avoir repris sa place naturelle à la tête des
conservateurs. Considérez les progrès qu'il a faits
depuis deux ans : il a vu peu à peu le sentiment public, si vif contre lui, se modifier et s'adoucir, les
préventions dont il était l'objet se dissiper, et toute
cette grande indignation du début tomber sans effort. Les journaux l'accusent bien encore, mais
leurs outrages même prouvent sa force et le soin
qu'ils mettent à rééditer de vieilles calomnies dont le
bon sens public a fait justice, montre comme ils sont
effrayés du chemin qu'il a déjà parcouru. Les violences de la presse dite conservatrice sont surtout significatives : il ne se passe point de jour sans que
des écrivains, appartenant à l'opinion royaliste et
qui respectent généralement leur plume, ne se li-
vrent, en ce qui nous concerne, à de véritables excès.
S'ils étaient de sang-froid, si la crainte du spectre bonapartiste — il a remplacé pour eux le fameux
spectre rouge, — ne leur faisait pas perdre la raison, ils ne sortiraient pas ainsi de leur caractère,
ils ne rivaliseraient pas de violence et de mauvais
ton avec les feuilles radicales.

L'Assemblée nationale et le gouvernement ne se
montrent guère moins hostiles. Celui-ci, naguère
encore à la requête et sous la pression des radicaux,
dirigeait contre de prétendus comités que M. Thiers
lui-même avait respectés une longue et minutieuse
instruction, précédée de brutales et maladroites per-

quisitions ; il mettait sa police à nos trousses et semblait nous désigner au pays comme les ennemis de
l'ordre public, cependant que le radicalisme, dont
on se garde bien de surveiller les menées et de gêner
la propagande, s'emparait d'une bonne moitié de la
France et nous donnait, dans certaines élections municipales, comme un avant-goût de la future Commune.

Mais ni les calomnies de la presse, ni l'intolérance de l'Assemblée, ni les persécutions du gouvernement n'ont empêché le flot de monter. Nous étions
trois mille autour du cercueil de Napoléon III;
nous n'avons pas été moins de six mille à célébrer,
le 16 mars dernier, la majorité de celui qui, s'il
plaît à Dieu et si nous sommes sages, s'appellera
Napoléon IV.

C'est à peine si nous figurions dans les élections
partielles ; seuls, aujourd'hui, parmi les conservateurs,
nous luttons avec quelque succès contre les républicains.

Trois départements seulement nous étaient restés
fidèles aux élections de février 1871 ; en quelques
mois nous en avons conquis sept ou huit.

La lutte était entre la République et la Monarchie :
elle est désormais entre la République et l'Empire.
Ce n'est pas moi qui le prétends, c'est le *Journal
des Débats* qui l'affirme : « Aujourd'hui qui n'est
pas pour la République est pour l'Empire. » Et le
général commandant le ministère de l'Intérieur a

beau proscrire cette opinion comme séditieuse[1], elle s'impose à tous; vous la retrouverez partout et sous toutes les formes.

Bref, le parti bonapartiste est plus nombreux, plus fort et plus uni qu'il n'a jamais été depuis quatre ans.

Plus nombreux! Regardez tout autour de vous.

Plus fort! Ses plus mortels ennemis le reconnaissent.

Plus uni! Je m'explique :

Le parti bonapartiste n'a pas la prétention d'échapper à la loi commune : il a sa droite et il a sa gauche. Il compte des autoritaires et des libéraux; des conservateurs et des progressistes; des *vieux* et des *jeunes,* des impatients et des sages, des violents et des pacifiques. Tous ces éléments divers entrent dans sa constitution générale; mais loin de s'exclure, ils se combinent; loin de se nuire, ils deviennent, en suite de l'équilibre qui s'établit entre eux, les prin-

---

1. Le *Journal des Débats,* dans son numéro du 12 septembre, a imprimé ce qui suit :

« Qui n'est pas pour la République est pour l'Empire.... »
« La politique inaugurée le 24 mai n'a eu d'autre résultat que de produire l'alarme dans le pays. »

De pareilles assertions dépassent le droit de discussion. Le gouvernement est résolu à ne pas tolérer des affirmations de cette nature et à user des pouvoirs que la loi lui donne pour les réprimer si elles venaient à se reproduire.

(Communiqué.)

cipaux agents de sa vitalité : leur variété même fait sa force.

Son armée, — comme toutes les armées, — compte des troupes régulières auxquelles commande un général en chef, et des corps de partisans qui opèrent séparément à leurs risques et périls. Mais si parfois la tactique change, l'objectif est toujours le même. Nous pouvons différer sur la route à prendre ; nous sommes tous d'accord sur le but à atteindre. Nous n'avons qu'une seule et même communion politique ; nous ne comptons aucune secte dissidente.

Telle n'est pas, je le sais, l'opinion la plus généralement répandue. A force de répéter que le parti bonapartiste est en proie à de graves dissensions, nos adversaires ont fini par accréditer cette erreur. Elle n'est pas, grâce à Dieu, descendue dans la masse, mais elle a cours dans beaucoup de cercles ; on peut même dire qu'elle est devenue le principal argument, de cette nombreuse catégorie de conservateurs indécis, qui forment l'appoint nécessaire de tous les gouvernements, et qui ne demanderaient qu'à se rallier, n'étaient nos prétendues divisions.

Encore si vous n'étiez qu'un parti, nous dit-on souvent? S'il n'y avait qu'un empire ! Mais il y en a plusieurs.

Il y a d'abord l'Empire officiellement représenté, depuis le 16 mars, par le Prince Impérial.

Vient ensuite l'Empire collatéral que le prince Napoléon rêve de fonder.

Ce n'est pas tout : l'Empire officiel se subdivise en deux partis, celui qu'on appelle : « le parti » tout court, et dont M. Rouher est le véritable chef, « et le parti des jeunes à la tête duquel s'est placé M. Paul de Cassagnac [1]. »

$$
\text{Soit :} \begin{cases} \text{M. Rouher.} \\ \text{le Prince Napoléon.} \\ \text{M. Paul de Cassagnac.} \end{cases}
$$

Total : trois empires.... sans compter l'Empire libéral qui s'efface pour l'instant, mais qui n'a pas dit, assure-t-on, son dernier mot.

Telle est réduite à ses termes les plus simples et les plus saisissants l'objection qu'on nous fait. Je reconnais qu'elle est spécieuse; je nie qu'elle soit fondée.

Les apparences, il est vrai, sont contre nous : aux yeux d'un observateur superficiel le parti bonapartiste manque de cette unité qui fit longtemps sa force et qui seule pourrait assurer le succès de ses espérances. Il est clair, par exemple, que le prince Napoléon n'entend pas l'Empire à la façon de M. Rouher. Mais que fait, au fond, ce différend qui a malheureusement pris, à cause de l'intervention, inutile selon moi, du Prince impérial, des proportions qu'il

1. Voir la brochure de M. Latour Du Moulin : *La France et le Septennat.*

ne comportait pas? C'est à tort que l'on s'obstine à vouloir faire rentrer cette exubérante personnalité dans un cadre depuis longtemps brisé. Le fils du roi Jérôme n'est pas un bonapartiste; c'est un Bonaparte. L'Empire qu'il a renié ne le revendique pas; il appartient à la démagogie. Son parti — si toutefois on peut appeler de ce nom le petit groupe d'hommes qui lui sont restés fidèles — n'a rien de commun avec le parti bonapartiste; il se confond avec la gauche. C'est une variété de république, ce n'est pas une variété d'empire. Candidat à la présidence le prince Napoléon peut porter ombrage à M. Gambetta; ses prétentions ne sont pas un danger pour nous. Loin de briser notre unité, comme on le prétend, sa défection n'a fait que nous fortifier. Dedans il pouvait nous gêner, dehors il nous servira. Il n'est pas assez populaire pour confisquer la République à son profit; mais il a plus de talent qu'il n'en faut pour allumer la discorde au camp de nos adversaires; et l'on peut compter sur lui pour hâter le travail de décomposition dont le parti républicain mourra fatalement quelque jour.

M. Paul de Cassagnac est plus difficile à classer. Par son dévouement qui va jusqu'au fanatisme, par sa vaillance dont il ne reste plus rien à dire, par son talent, plein de vigueur et d'originalité, il est assurément digne d'occuper une place considérable dans un parti militant comme le nôtre. Mais son mépris de la discipline et des hiérarchies nécessaires, son dédain pour toutes les considérations de prudence vulgaire et de stratégie qui s'imposent au commun des hommes politiques, l'excès de personnalité qu'une succession d'éclats retentissants a développée chez lui, enfin et surtout sa véhémence qui va trop souvent jusqu'à la provocation, ne lui ont pas jusqu'ici permis d'aspirer au premier rôle. Il est, sans conteste, le plus brillant de ces irréguliers auxquels j'ai fait allusion ; mais il lui manque la vertu maîtresse du général en chef : la mesure. C'est un excellent chef de partisans, ce n'est pas un chef de parti ; et l'on ferait injure à sa loyauté en lui supposant des visées qui ne seraient pas absolument désintéressées.

Il a d'ailleurs, dans le parti bonapartiste, une fonction qui lui sied à merveille et qui doit pouvoir lui permettre d'attendre patiemment le grade qu'une modération de trop fraîche date pour qu'on la croie définitive, lui vaudra un jour : celle d'avocat du régime de 1852. Quel rôle plus séduisant après la Commune? M. Paul de Cassagnac y a conquis les suffrages de tous ceux qui dans l'empire voient surtout le gendarme. Aux yeux de cette catégorie de conservateurs, il est devenu l'expression la plus énergique, sinon la plus vraie, du principe d'autorité. C'est de quoi largement satisfaire une ambition de trente ans.

II

On n'attend pas que je discute ici toutes les causes éloignées et prochaines, auxquelles le parti bonapartiste a dû cette persistance ou plutôt ce retour inespéré de fortune. Je me propose seulement d'indiquer les principales, en négligeant les traits accessoires et particuliers qui sortiraient nécessairement du cadre étroit, dans sa généralité, que je me suis tracé. Toutefois, pour plus de clarté, je les rangerai sous quatre chefs qui formeront, dans cette deuxième partie, comme autant de chapitres distincts, où je traiterai successivement :

1° De la supériorité de notre principe ;

2° Des fautes et de l'impuissance de nos adversaires ;

3° De la réaction produite par les calomnies contre l'Empire ;

4° Du groupe de l'Appel au peuple;

I

LA SUPÉRIORITÉ DE NOTRE PRINCIPE

Si le problème du gouvernement est particulière-
ment ardu en France, et à notre époque, c'est que
nous participons d'une double nature ; c'est que la
moyenne de notre tempérament est le résultat d'appétits contradictoires et d'instincts qui se repoussent.
Par un côté nous avons le goût de l'autorité, l'amour
de la force, un penchant très-marqué pour l'éclat ;
d'autre part la liberté nous attire et l'égalité nous
passionne. Ouvrez notre histoire, à la page que vous
voudrez, depuis 1789, vous verrez toujours apparaître
ce dualisme : Autorité et liberté. La France n'a pas
cessé d'alterner entre ces deux termes extrêmes. Et
je n'ai pas besoin de rappeler avec quelle facilité,
quelle désinvolture, elle sait passer de l'un à l'autre,
sans ménager les transitions, par une de ces brusques
secousses qui s'appellent le 18 Brumaire, la révolution de 1830 ou le 24 février. En d'autres pays, les
gouvernements se transforment lentement, au fur et

à mesure des changements qui se produisent dans les idées, dans les mœurs et dans les aspirations du peuple; en France, la révolution les gagne de vitesse : ils sont généralement renversés avant d'avoir pu faire les réformes que l'opinion publique attendait d'eux. Tantôt un courant irrésistible nous pousse vers je ne sais quel idéal de liberté illimitée ; alors nous acclamons la république. Tantôt l'esprit de réaction souffle sur nous, alors la dictature n'est pas loin.

Sommes-nous condamnés à tourner indéfiniment dans ce cercle vicieux ? C'est à craindre, si nous n'adoptons pas une bonne fois le seul régime qui corresponde d'une façon exacte à notre tempérament. Un principe de gouvernement ne vaut pas par lui-même, absolument; il vaut surtout par relation. Croit-on par exemple, que si la royauté n'avait pas eu d'autres supports que les rois, elle ne se serait pas effondrée bien avant 1789. Ce n'est point assurément par la seule vertu de Louis XV et du Régent qu'elle s'est soutenue jusque dans les dernières années du dix-huitième siècle. Pour qu'elle ait vécu si longtemps il a fallu que le principe monarchique puisât, dans son rapport avec l'état général du pays, une singulière énergie. Durant des siècles, la monarchie française a donné satisfaction à ce besoin de sécurité, d'ordre et d'unité nationale qui était le premier de tous, en même temps qu'elle flattait le penchant naturel de ce pays pour l'éclat et pour la force. Un jour vint où d'autres besoins se firent sentir, où d'autres instincts se révélèrent, incompatibles avec le principe monarchique : la royauté succomba. Depuis, c'est en vain qu'elle a cherché sous toutes les espèces et par tous les moyens à s'imposer. Constitutionnelle avec Louis XVIII, réactionnaire et cléricale avec Charles X, révolutionnaire, bourgeoise et voltairienne avec Louis-Philippe, le pays l'a trois fois rejetée, comme le corps humain rejette, par élimination, les substances étrangères. Tout récemment encore n'a-t-il pas montré par des signes non équivoques, son invincible répugnance pour une restauration de l'ancien régime? Le comte de Chambord n'a-t-il pas dû, sous la seule pression de l'opinion publique, contremander le cheval de bataille sur lequel il était réglé qu'il ferait son entrée dans sa bonne ville de Paris, suivi de tous les princes de la maison de France? On attribue, généralement, cette résolution du « Roi » à l'intolérance de son royalisme; c'est, à mon avis, une erreur. M. le comte de Chambord ne pousse pas, au point qu'on l'imagine, la bigoterie du drapeau blanc. Son cœur et sa foi sont trop haut placés, pour s'abaisser aux pratiques sans grandeur d'un culte étroit et mesquin. S'il s'est senti défaillir, au moment de franchir le Rubicon de la monarchie constitutionnelle, c'est qu'il a vu se dresser devant lui le génie même de cette nation. Alors seulement il s'est souvenu de l'étendard d'Arques et d'Ivry, et l'a déployé pour couvrir sa retraite.

La France n'a pas à beaucoup près les mêmes ré-
pugnances pour le principe républicain; c'est un
fait, et ceux qui le nient sont aveuglés par l'esprit
de parti. S'il me fallait apporter des preuves à l'appui de cette opinion, je n'aurais que l'embarras du
choix : on m'en dispensera, j'espère. La République
est une des formes de la démocratie; ce n'est pas la
seule, ce n'est même pas à mon sens la plus par-
faite; mais enfin c'en est une. Étant une des formes
de la démocratie, elle peut vivre en bonne intelligence avec le suffrage universel; il n'y a pas incom-
patibilité d'humeur et de tendances entre elle et lui;
tout au contraire, il semble qu'elle en découle naturellement et sans effort. On me permettra de négli-
ger, comme puérile, l'opinion de ceux qui prétendent
gravement, doctrinalement, qu'elle est *antérieure et
supérieure* à la souveraineté nationale : je n'ai jamais rien compris à cette métaphysique; elle est
sans doute, elle-même, supérieure au commun des
entendements.

Mais ce n'est pas tout pour un gouvernement de
n'être pas incompatible avec le suffrage universel.
Sans doute, ce mérite, tout négatif qu'il est, donne
à la République une incontestable supériorité sur
la monarchie légitime et même constitutionnelle. Le
mariage est possible : l'union peut-elle être féconde?
Après les trois expériences de 1793, de 1848 et de
1870, il est permis d'en douter. Trois fois la République s'est imposée à ce pays par la violence; trois

fois elle a déchaîné d'épouvantables tempêtes, où la France a failli sombrer. Trois étapes, trois catastrophes! Certes, les fautes des uns, les crimes des autres, l'entraînement de tous ont contribué pour une large part à précipiter la République dans ces voies dangereuses qui, suivant la piquante expression de M. Thiers, devaient nécessairement l'amener à finir dans le sang ou dans l'imbécillité. Il ne faudrait pourtant pas s'exagérer l'influence que les hommes, si criminels ou si grands qu'ils nous apparaissent, ont exercée sur la marche des événements; leur cours, alors même qu'il semble s'être le plus violemment précipité, n'a jamais eu rien que de normal et de régulier; leur progression naturelle s'explique par des causes étrangères et supérieures à tous les calculs de la politique. Telle est, en effet, l'infirmité de la république, qu'elle verse fatalement de la démocratie dans la démagogie, et de cette dernière dans l'anarchie. Il lui faudrait pour l'arrêter sur la pente où l'entraîne la violence des instincts qu'elle flatte et des appétits qu'elle surexcite, un frein d'une puissance extraordinaire. Où le prendre? Elle ne comporte pas comme la monarchie légitime une noblesse et un clergé puissants, ou comme l'Empire de grands corps d'État; elle ne s'accommode pas davantage d'une armée permanente! Elle ne peut se soutenir que par un certain relâchement du pouvoir central, et par la prépotence d'une assemblée courbée sous la dure loi du mandat impératif. Le fédéralisme est son expression la plus logique et l'on peut dire que la commune est son dernier mot.

C'est pourquoi la parole de M. Thiers,—on ne se lasse pas de citer cet illustre converti, — est si vraie : « La République sera conservatrice, — traduisez : réactionnaire, — ou ne sera pas. » Dès qu'elle se laisse aller au courant démocratique, elle est perdue. Sans les républicains, on la tolère ; avec et par eux, elle deviendrait bientôt insupportable.

L'Empire, — et c'est ici qu'éclate toute la supériorité de son principe, — n'a pas à craindre ces entraînements, et correspond bien plus exactement au tempérament de ce pays. Empruntant à la monarchie sa force de résistance, à la République sa force d'initiative, également éloigné des abus de la première et des excès de la seconde, à la fois autoritaire et démocratique, il peut, tout en procurant aux intérêts la sécurtié dont ils ont besoin, donner aux aspirations démocratiques toutes les satisfactions légitimes. Par sa forme monarchique, par ses institutions appropriées aux exigences du temps présent, bien qu'elles paraissent d'ancien régime, il flatte le goût très-vif que cette nation a gardé pour les souvenirs et les traditions d'un autre âge ; par son origine populaire, il répond à ses instincts profondément égalitaires. Fondé sur le suffrage universel, il trouve dans la largeur de sa base et dans l'énergie de sa constitution un frein qui lui permet de résister sans effort de réaction à l'entraînement des courants populaires. Bref, c'est le seul régime qui puisse sans inconvénient pencher du côté du peuple et qui ait osé réaliser quelques-unes des grandes améliorations que l'état de notre société réclamait impérieusement.

Au premier rang de ces améliorations, il faut placer la grande réforme économique à laquelle le nom de M. Rouher est demeuré justement attaché. On comprend que je n'ai pas l'intention de traiter ici la grave question du libre échange et des traités de commerce. De pareils sujets comportent un développement que je ne saurais leur donner dans un aussi court travail, et, de plus, ils exigent une compétence qui me fait trop défaut. Je n'y toucherai que par un côté.

C'est un fait qu'au temps du régime protecteur, l'industrie française produisait moins et plus cher. Les chefs d'industrie gagnaient autant, souvent plus; mais le consommateur payait davantage, étant obligé d'acquitter sur chaque objet l'équivalent des droits de douane; d'autre part, l'ouvrier avait un salaire moins élevé et subissait plus de chômages. La demande cessant, le travail cessait du même coup; le marché français venant à faire défaut, nos produits n'avaient pas la ressource des marchés anglais, belges, allemands ou italiens. Dès qu'une crise éclatait, la production s'arrêtait net et la misère arrivait. Les patrons manquaient à gagner, mais c'était, en réalité, l'ouvrier qui supportait les suites désastreuses de ces interruptions si fréquentes.

Les traités de commerce ont renversé les rôles : ce

n'est plus seulement sur l'ouvrier que pèsent aujour-
d'hui les crises commerciales; elles atteignent d'a-
bord les patrons, ce qui est infiniment plus équitable.
Le libre échange a tué la petite industrie; mais il a
créé la grande. Et la grande industrie, c'est le salut
de l'ouvrier, c'est son salaire assuré. Dans la grande
industrie, le travail ne peut pas s'arrêter impunément; les frais généraux sont trop considérables. Placé
entre la ruine à courte échéance, ou la production
ininterrompue, le fabricant fait travailler en tout
temps. Il sait d'ailleurs qu'il finira toujours par
trouver un débouché pour ses produits : si le marché français lui manque, l'exportation ne lui fera
pas défaut[1].

Mais ce n'est pas seulement à la classe ouvrière
que l'abolition du régime prohibitif a profité; elle
n'a pas moins servi les intérêts de la grande masse
des consommateurs. Les traités de commerce n'ont
pas seulement eu pour effet de stimuler la production, et par suite d'assurer le salaire. En ouvrant le
marché français à la concurrence étrangère, ils ont
obligé nos fabricants à baisser leurs prix. La consommation s'en est accru d'autant — sur certains objets
elle a plus que doublé — et le bien-être a fait comme
la consommation : il s'est accru dans des proportions que certains esprits chagrins trouvent inquié-

1. L'exportation qui était en 1851 de 1 158 100 000 fr., s'élevait
déjà en 1866, c'est-à-dire moins de six ans après le traité de commerce, à la somme de 3 180 600 000 fr.

tantés, et dont une certaine classe de conservateurs
ne manque pas de faire un grief à l'Empire. N'a-t-on
pas été jusqu'à l'accuser de tendances socialistes,
pour avoir osé jeter bas cette vieille bastille du
système protecteur, dernier *témoin* d'une civilisation
et des préjugés d'un autre âge. C'est pourtant son
honneur de n'avoir pas reculé devant les clameurs
de certains intérêts froissés, et de ne s'être point
laissé détourner du but élevé qu'il poursuivait par
la considération des souffrances partielles momenta-
nées qui accompagnent toutes les grandes réformes.

Mais le bien-être matériel n'est pas tout et l'Empire ne s'en tenait pas à la cynique devise du gouvernement de Juillet : Enrichissez-vous ! Il voulait aussi,
suivant la forte expression de Napoléon III élever
« l'âme de la nation. » C'est pourquoi la religion qui,
de ses innombrables chaires, fait descendre un enseignement divin et qui parle de devoirs, de respect,
d'obéissance à la loi, quand tant de voix ne font entendre que des cris de révolte, fut honorée dans son
culte ; respectée dans ses ministres ; soutenue dans
ses efforts légitimes pour conserver son indépendance ; mais contenue, chaque fois qu'oubliant son
rôle, elle voulut sortir du temple pour empiéter sur
les droits de l'autorité civile. Près de trois cent millions dépensés par l'État ou à son instigation par
les départements et les communes, rendirent l'éclat à
ses anciennes églises et lui en donnèrent de nouvelles, tandis que son budget, augmenté d'un quart,

permit d'assurer aux plus humbles de ses ministres une existence moins précaire.

L'industrie et la politique réclamaient, tout autant que l'honneur de la France, un large développement de l'instruction populaire. L'Empire comprit qu'avec la nouvelle organisation de notre commerce, l'homme qui ne sait ni lire, ni écrire, ni compter, est nécessairement condamné à rester un manœuvre incapable d'améliorer son travail ou sa condition; qu'avec notre nouvelle constitution politique, il ne pourra, dans l'exercice de ses droits, porter au scrutin un vote éclairé; qu'enfin, puisque le peuple a été déclaré souverain, il faut que ce souverain comprenne ses affaires et ses intérêts véritables. On avait bien vu des gouvernements s'employer à développer la richesse publique; on n'en connaissait pas encore qui eussent pris tant de soins pour éclairer leur juge, pour mettre en état de connaître ses desseins et ses actes ceux qui devaient, au jour du verdict national, approuver ces actes ou condamner ces desseins. Si ce fut une façon de séduire le corps électoral, jamais séduction, on doit en convenir, ne fut plus honorable pour le peuple qui en était l'objet, comme pour le prince qui s'en était fait l'agent résolu.

Les chiffres sont bien secs, mais souvent aussi bien éloquents. Le budget de l'instruction primaire doublé, 73 millions au lieu de 37; le nombre des enfants appelés dans les asiles et les écoles accru d'un million et demi; huit cent mille jeunes hommes ou femmes attirés aux cours d'adultes, afin de réparer la négligence du passé ; la gratuité scolaire accordée à un million d'élèves, ce qui représentait un dégrèvement de près de 9 millions de francs en faveur des familles pauvres ; la création des Caisses d'écoles, bienfaisante institution qu'on devrait mieux soutenir; celle des écoles de hameau pour traquer l'ignorance dans ses derniers repaires ; enfin le nombre des conscrits complétement illettrés diminué, en dix-huit années, de 15 pour 100, et le sort des instituteurs amélioré, voilà ce que fit le Gouvernement impérial pour donner la véritable dignité d'hommes à ceux dont il augmentait le bien-être par le développement du travail, et dont il garantissait la sécurité en les défendant contre la Révolution. Vous vous étonnez qu'il soit resté populaire, malgré les désastres qui ont fermé tant de prospérités. Demandez-vous si, depuis quatre ans, on a même su continuer son ouvrage et achever ce qu'il avait commencé ? Alors vous comprendrez que la fortune politique de quelques hommes, nés pour la critique, impuissants pour l'action, ne suffise point à effacer le souvenir d'un gouvernement qui s'agitait moins, mais faisait davantage.

Depuis quatre-vingts ans, la France demandait que, laissant les *humanités* à l'élite des intelligences, on enseignât autre chose que du latin et du grec à des fils de contre-maîtres ou de patrons destinés à recueillir la succession paternelle. On voulait pour

une société nouvelle un ordre nouveau d'études, pré-
paratoire aux carrières industrielles et commerciales;
et toujours cette question était restée à l'état de problème. L'Empire a su la résoudre et déjà plus du
quart des élèves de nos lycées et collèges recevaient,
en 1869, l'enseignement spécial. Ce chiffre était encore trop bas; en quelques années, le Gouvernement
impérial l'eût fort augmenté, car il savait que le
système d'éducation d'une société doit être en rapport
avec ses mœurs.

Les sciences n'ont plus comme autrefois un intérêt purement théorique. La physique, la chimie, la
mécanique ont changé la face du monde par leurs
applications industrielles, commerciales ou agri-
coles. Mais ces applications dépendent absolument
des progrès de la théorie; d'où résulte, pour un gouvernement intelligent, la nécessité de favoriser par
tous les moyens en son pouvoir, ces nobles études
qui sont l'honneur d'un pays et qui en font la fortune.

Est-il besoin de rappeler la création de dix Facultés, celle de l'École des Hautes-Études avec ses
conférences savantes et ses nombreux laboratoires?
La transformation de notre enseignement supérieur était décidée, et elle devait se faire avec la
liberté pour principe. Quelques années encore et la
reconstruction de tout l'édifice scolaire de la France
se trouvait achevée. L'Empereur prenait à cette
œuvre un intérêt personnel ; car non content de fon-

der de grands prix à l'Institut et de provoquer l'envoi de missions, souvent aux frais de sa cassette particulière, sur tous les points du globe où pouvaient être recueillis des matériaux utiles à la science, il réservait aux savants les honneurs les plus enviés, en y ajoutant parfois le don de son amitié.

Les arts font partie de l'éducation nationale, et, comme les sciences, par leurs applications à l'industrie, ils sont une des sources de la richesse publique. Quel temps leur fut plus propice que celui où on leur donna à bâtir églises gothiques et châteaux féodaux, palais et théâtres, hôtels somptueux et maisons charmantes, viaducs gigantesques, plus hardis que ne le furent jamais les travaux des Romains ; et le nouveau Louvre, et le Louvre du peuple, ces Halles centrales que l'on copie partout, et ces places, ces squares, ces jardins, où l'enfant du pauvre trouve de l'air et du soleil, où le pauvre lui-même peut se croire dans un parc magnifique dont il est à son tour le maître et seigneur. Que de statues, de tableaux, de ciselures pour décorer ces demeures nouvelles, que de travail pour l'ouvrier, que d'argent pour l'entrepreneur, que d'art pour l'artiste ! Jamais peintres, architectes et sculpteurs ne furent à pareille fête ! Si nous n'avons revu alors ni un Phidias, ni un Raphaël, c'est qu'il n'y a pas de puissance humaine capable d'en produire. Dieu seul donne le génie, mais le Gouvernement impérial avait tout fait pour fournir au génie l'occasion de se montrer.

Oui, dira-t-on peut-être, ce serait fort beau si tout cela n'avait pas coûté tant d'or. Il est vrai qu'il en a fallu beaucoup, mais n'y en avait-il pas beaucoup aussi? Malgré toutes ces dépenses, la France, depuis quatre ans, vit encore sur les économies de l'Empire et elle y a trouvé les dix milliards dont elle a eu besoin.

On objecte aussi : « ces palais, ces théâtres, ces rues monumentales, c'est le riche qui en jouit ; et le pauvre reste dans sa mansarde. » Cette masure, l'Empereur l'a aussi transformée autant qu'il était en lui, ou tout au moins assainie, en faisant entrer la lumière et l'air dans les ruelles immondes, en construisant des maisons ou des cités ouvrières que l'industrie privée imitait. Et il montrait combien était vive sa sollicitude pour les besoins populaires, lorsque, dans une lettre officielle au ministre de sa maison, il prescrivait de ralentir les travaux du nouvel Opéra et d'achever ceux du nouvel Hôtel-Dieu, parce qu'il ne voulait pas que le temple de l'art, mais aussi des plaisirs luxueux, s'ouvrît avant l'asile où le pauvre venait chercher le remède à ses souffrances.

C'est que le prince qui faisait achever le Louvre et commencer l'Opéra ne pensait pas qu'il suffisait de provoquer de nombreuses constructions et de donner du travail et du pain à l'ouvrier valide. Il savait que la nature n'a fait les hommes égaux, ni en intelligence, ni en force, ni en santé, ni en prévoyance ; qu'il y ura toujours des souffrances à soulager, des maladies à guérir, des malheurs à prévenir ou à réparer ; et il se disait que ce soin était un devoir impérieux pour un gouvernement national. Au lieu d'applaudir à ces généreux sentiments, les adversaires de l'Empire les ont transformés en calculs égoïstes ; ils ont parlé de césarisme, de démagogie couronnée ; et ces prétendus amis du peuple, rappelant le mot du haineux Juvénal, *panem et circenses*, montraient le suffrage universel se vendant pour une sportule. L'Empereur laissait dire et n'en continuait pas moins d'attaquer par tous les moyens le paupérisme, afin de restreindre de plus en plus le cercle fatal où la misère et le crime prélèvent pour la mort ou pour la honte, leur dîme funèbre. Le budget des établissements généraux de bienfaisance fut doublé et, pour certaines branches du service, triplé ; en dix-huit années, on ouvrit cent cinquante-trois établissements hospitaliers nouveaux ; tout juste autant que les autres gouvernements en avaient fondé dans l'espace de soixante ans, de 1789 à 1850. Le traitement à domicile fut institué, bienfaisante innovation qui laissant le malade au milieu des siens donne plus de chances à la guérison, ou rend la mort moins affreuse. Les Asiles de Vincennes, du Vésinet, de Longchêne s'ouvrirent pour recevoir les convalescents et prévenir des rechûtes fatales. En quelques années, cent cinquante mille individus y trouvèrent la santé complète et la force nécessaire pour reprendre leurs travaux. La médecine cantonale gratuite n'existait que dans deux départements, elle fut établie dans cinquante et une commission sénatoriale préparait un projet de loi pour l'étendre à la France entière. Alors, chaque commune aurait son organisation complète, le curé pour l'âme, l'instituteur pour l'intelligence, le médecin pour le corps.

L'ouvrier de la ville ou des champs se trouvait donc secouru par l'assistance publique ou privée, quand il ne pouvait se secourir lui-même; mais il est une chose qui vaut mieux que la charité du riche ou de l'État, c'est l'esprit d'ordre et d'économie qui permet à l'artisan de compter avant tout sur lui-même. On multiplia les institutions de prévoyance ; le nombre des Caisses d'Épargne, des sociétés de secours mutuels doubla. La caisse des retraites pour la vieillesse, fondée en 1850, reçut en quelques années plus de 112 millions et une loi salutaire créa l'œuvre des invalides du travail. Chaque année, 12 à 15 000 malheureux sont victimes d'accidents qui leur coûtent la vie ou un membre et qui les font tomber, eux et leurs familles, dans une misère non méritée. Une caisse subventionnée par l'Etat et recevant les plus minimes cotisations assura des pensions viagères à ceux qui auraient le courage de prélever sur leur salaire mensuel la somme modique qui, combinée avec un secours proportionnel de l'Etat, garantissait à eux-mêmes ou à leurs veuves un morceau de pain pour les mauvais jours [1].

Qui devait profiter surtout de ces œuvres bienfaisantes? Le pauvre sans doute, mais aussi la société tout entière qui a de redoutables problèmes à résoudre et qui n'en trouvera la solution pacifique que du côté où l'empereur la cherchait, dans le développement de l'instruction publique et des institutions de prévoyance. Lorsqu'il favorisait l'une et qu'il multipliait les autres, il marchait donc dans la voie du siècle ; et ceux qui l'appelaient « un socialiste sur le trône » étaient des aveugles qui ne voyaient pas que la transformation industrielle de la France et du monde imposait au gouvernement, au sujet de l'ordre intérieur, des préoccupations qui, jamais, n'avaient troublé la tranquille quiétude des royautés antérieures.

Je m'arrête : il m'entraînerait trop loin d'énumérer toutes les améliorations sociales auxquelles le second Empire a travaillé ou qu'il a réalisées, toutes les institutions de prévoyance, d'assistance publique et de charité qu'il a fondées. Je voulais seulement rappeler en quelques traits, comment les hommes de l'Empire pratiquaient le pouvoir et comprenaient

1. Je dois à la vérité de reconnaître que cette institution de prévoyance n'a pas à beaucoup près réalisé toutes les espérances que l'on avait fondées sur elle. Les cotisations ne sont pas venues ; pour les obtenir, il faudrait qu'une loi, qu'on n'est pas près de faire, obligeât les patrons à prélever un tant pour cent sur les salaires, et à le verser à la caisse des Invalides du travail.

ses obligations; étrangers à ces calculs étroits qui font consister toute la science du gouvernement dans la satisfaction des intérêts particuliers; n'ayant qu'une préoccupation, celle des besoins généraux correspondant à l'état d'une société qui a le suffrage universel à sa base; qu'un souci, quoi qu'on ait pu prétendre : le bien public.

II

L'INCAPACITÉ DES AUTRES PARTIS

Depuis le 4 septembre 1870 la France a connu, sans compter les humiliations, trois gouvernements. Elle a successivement essayé du radicalisme avec M. Gambetta, de la République conservatrice avec M. Thiers, et du régime hybride qu'on appelle le Septennat avec le maréchal de Mac-Mahon. Elle a eu l'avantage de voir passer aux affaires tous les hommes qui marchaient en tête des anciens partis ; tous ceux qui, dans les dernières années de l'Empire, s'étaient fait de l'opposition une carrière et qu'une haîne commune avait rapprochés dans une prétendue pensée d'union libérale.

Ces hommes ont tous, ou peu s'en faut, mis la main à la besogne : ambassadeurs, ministres[1], préfets, magistrats, ils ont tout envahi, tout acca-

1, Voir à l'Appendice l'énumération des cabinets qui se sont succédé depuis le 4 Septembre ; rien d'éloquent comme ce tableau.

paré, tout pris ; les gros d'abord ont été pourvus, eux et leur parenté ; puis sont venus les moyens, enfin les petits ; ç'a été une curée générale.

Qu'ont-ils fait, cependant, ces rares génies ? L'Empire les avait méconnus ; la République les a laissés venir à elle ; que dis-je, elle s'est successivement livrée à eux, et leur a tour à tour confié le soin de sa fortune. Populaires comme s'ils eussent été des sauveurs, ils pouvaient tout demander à ce pays — que de sacrifices ne leur a-t-il pas faits sans murmurer ? — Forts de notre abaissement ils étaient en situation de faire table rase de toutes les institutions existantes et de jeter les fondements d'un gouvernement durable. Ils avaient tout, même le temps ! Qu'en ont-ils fait ? Qu'ont-ils fait de cette France qu'ils nous avaient arrachée des mains pour la sauver, disaient-ils. J'aperçois bien qu'ils ont exploité sa crédulité. Je ne vois pas qu'ils aient répondu à sa confiance. J'entends bien qu'ils ont pris nos places ; peut-on dire qu'ils nous aient remplacés ?

Au point de vue de nos relations extérieures [1] leur avénement fut une calamité. Il est aujourd'hui démontré que le Quatre-Septembre fut une journée prussienne ; car il livra la France sans médiateurs et sans armée à l'invasion victorieuse, et, s'il ne nous priva pas du concours effectif de nos alliés naturels, effrayés de la rapidité de nos revers, il acheva du

----

1. C'est à dessein que je laisse de côté la question militaire.

moins de nous isoler en Europe. Ce n'est pas une opinion qui me soit personnelle que j'émets là : il y a déjà deux ans qu'un écrivain autorisé en ces matières et qu'on ne saurait suspecter de partialité à l'égard de l'Empire, M. Valfrey, a montré, preuves en mains, l'impuissance où s'était trouvée la diplomatie française pendant toute la durée du gouvernement de la défense nationale.

« La responsabilité la plus grave des hommes du 4 Septembre, dit quelque part ce publiciste, c'est d'avoir jeté et maintenu pendant six mois le pays dans la situation d'une société anonyme qui n'a pas de gérants reconnus. A leur insu et sans doute avec les intentions les plus droites, — M. Valfrey ne parle jamais qu'avec cette modération, — ils ont ainsi livré la France à l'arbitraire implacable d'un conqué rant, et arrêté toutes les tentatives d'interventions auxquelles nous pouvions prétendre. Quand une voix amie s'élevait timidement en faveur de la France, M. de Bismark répondait : « La France où est-elle ! Qui est autorisé aujourd'hui à parler en son nom ? Est-ce le général Trochu ? Est-ce M. Jules Favre ? Est-ce M. Gambetta ? »

C'est le mot de M. Gladstone opposant aux éloquentes et patriotiques objurgations de M. le comte de Chaudordy une fin de non recevoir tirée de ce motif

1. *Histoire de la diplomatie du gouvernement de la défense nationale*, par J. Valfrey. Amyot, 1871.

« qu'avant de se faire reconnaître par les puissances étrangères et de leur demander d'intervenir en sa faveur, le gouvernement de la défense nationale devait se faire reconnaître par la France. »

C'est le langage de M. de Beust : « Nous n'avons pas de préjugé hostile contre la République, disait à la date du 3 octobre 1870 le premier ministre de François-Joseph, et nous n'hésiterons pas à la reconnaître officiellement dès qu'elle aura reçu la consécration d'un vote national. Aujourd'hui avant que la France ait été consultée et se soit prononcée, il serait contraire aux usages qui régissent les relations des puissances entre elles de devancer la décision du pays. »

A Saint-Pétersbourg, la révolution du Quatre-Septembre eut un contre-coup plus déplorable peut-être. Ici encore je laisserai la parole à M. Valfrey:

« Dans les derniers jours de l'Empire, M. le prince de la Tour d'Auvergne avait engagé avec les grandes puissances une négociation ayant pour but de sauvegarder l'intégrité territoriale de la France et le maintien de la dynastie napoléonienne. En exécution des instructions qu'il avait reçues dans ce sens, M. le général Fleury, ambassadeur du gouvernement impérial auprès du czar, avait eu, le 29 août, une longue et importante conversation avec l'empereur Alexandre. Comme cette conversation a donné lieu depuis à de nombreuses polémiques qui ont vivement ému l'opinion, nous pensons qu'on lira avec intérêt les renseignements authentiques qu'il nous a été possible de recueillir sur cet incident.

« La situation de M. le général Fleury auprès de l'empereur Alexandre et de son gouvernement était excellente. Il voyait fréquemment Sa Majesté, qui lui témoignait une réelle bienveillance. Depuis nos récents malheurs sur le Rhin et autour de Metz, le czar paraissait très-porté à s'interposer afin de terminer une lutte qui, dans sa pensée, ne devait pas seulement continuer d'être avantageuse à l'Allemagne, mais encore tourner prochainement au profit de la révolution en France. Tels sont les faits que nous avons le devoir de constater avec impartialité. C'est dans cette disposition d'esprit que l'empereur Alexandre reçut le général Fleury. Celui-ci lui fit ressortir avec beaucoup de vérité et d'à-propos qu'en présence de la situation douloureuse où se trouvait la France, un grand rôle revenait au neveu de l'empereur Alexandre Ier, qui, dans des circonstances analogues, n'avait pas hésité à prêter son appui au peuple Français qui avait mérité ainsi sa reconnaissance. Le czar déclara qu'il avait déjà écrit à ce sujet au roi Guillaume. Il lui avait dit qu'une paix basée sur l'humiliation de la France n'aboutirait qu'à une trêve dangereuse. Le roi de Prusse avait répondu d'une manière favorable. Mais il n'avait pas dissimulé qu'il aurait bien de la peine, vis-à-vis de l'Allemagne entière, à abandonner ses conquêtes. M. le général Fleury désirait obtenir de l'empereur Alexandre II un engagement plus catégorique ; il reprit donc sa thèse avec une nouvelle chaleur, et il fut assez heureux pour recueillir de la bouche de ce souverain les paroles suivantes : « Je saurai le moment venu parler haut, si cela est nécessaire, pour faire respecter l'intégrité du territoire et le maintien de la dynastie. »

Telles étaient, à la date du 29 août, les dispositions de l'Empereur et de la chancellerie russe : Intégrité du territoire et maintien de la dynastie. Dans la pensée du Czar, ces deux termes étaient inséparables. L'Empire tombe ; un gouvernement de hasard s'installe à l'Hôtel-de-Ville : aussitôt, les bonnes dispositions de la Russie s'évanouissent. C'est en vain qu'oubliant sa propre infortune pour ne songer qu'aux malheurs de la France, et trouvant dans l'ardeur de son patriotisme des accents d'une haute éloquence, l'Impératrice Eugénie supplie le Czar de reporter sur le Gouvernement de la défense nationale les sympathies dont il honorait Napoléon III[1]. L'Empe-

---

1.

« Sire,

« Éloignée de ma patrie, j'écris aujourd'hui à Votre Majesté. Il y a quelques jours à peine, quand les destinées de la France étaient encore entre les mains du pouvoir constitué par l'Empereur, si j'avais fait la même démarche, j'aurais paru peut-être aux yeux de Votre Majesté et à ceux de la France, douter des forces vives de mon pays. Les derniers évènements me rendent ma liberté et je puis m'adresser au cœur de Votre Majesté.

« Si j'ai bien compris les rapports adressés par notre ambassadeur, le général Fleury, Votre Majesté écartait *à priori* l'idée du démembrement de la France. Le sort nous a été contraire. L'Emreur Alexandre répond à cette courageuse démarche dans les termes les plus bienveillants « Mais en exprimant ses regrets, — c'est toujours M. Valfrey qui parle, — que les circonstances eussent modifié l'état de choses auquel l'Impératrice faisait allusion. »

C'est en vain que M. Thiers envoyé par M. Jules Favre à la recherche d'une alliance, fait le tour de l'Europe. A Londres il ne rencontre qu'un froid accueil : « Votre gouvernement manque de sanction légale, » lui dit lord Granville. A Vienne on l'engage à s'adresser à Pétersbourg. A Pétersbourg on l'éconduit avec la plus grande politesse, « en insistant sur l'inconvénient qu'il y aurait pour le gouvernement du 4 septembre à retarder davantage les élections générales et à ne pas se faire reconnaître par la nation française. » A Florence, où les sympathies bien connues du roi Victor-Emmanuel pouvaient faire espérer un succès, le conseil des minis-

---

pereur est prisonnier et calomnié. Un autre gouvernement a entrepris la tâche que nous regardions comme notre devoir de remplir. Je viens supplier Votre Majesté d'user de son influence afin qu'une paix honorable et durable puisse se conclure, quand le moment sera venu. Que la France, quelque soit son gouvernement, trouve chez Votre Majesté les mêmes sentiments qu'elle nous avait témoignés dans ces dures épreuves.

« Dans la situation où je me trouve, tout peut être mal interprété. Je prie donc Votre Majesté de tenir secrète cette démarche, que son généreux esprit comprendra et que m'inspire le souvenir de son séjour à Paris.

« EUGÉNIE. »

14 septembre 1870.

tres reste inexorable. L'échec est complet : où la France impériale eût trouvé sinon des alliés, du moins des médiateurs empressés, la République ne rencontrait qu'indifférence et préventions.

Longtemps ces choses ont été niées ; longtemps l'opinion publique, égarée par d'audacieux mensonges, a rejeté sur l'Empire toute la responsabilité des désastreuses conditions de paix souscrites à Francfort. Aujourd'hui, grâce à Dieu, la vérité s'est fait jour : on connaît les vrais coupables, on sait pour quelle part la révolution du 4 septembre et l'incapacité des hommes qu'elle a fait surgir, sont entrés dans nos malheurs passés ; combien notre obstination dans la forme républicaine contribue à nous maintenir dans l'état humiliant où nous sommes réduits. A cet égard, les révélations qui ont éclaté au cours du procès récemment intenté par le gouvernement prussien à M. le comte Harry d'Arnim, sont d'un intérêt véritablement historique, et c'est à bon droit qu'elles ont ému l'opinion publique, en jetant sur la situation respective de la France, de l'Allemagne et de l'Europe, une si puissante et si soudaine lumière.

Pourquoi la paix de Francfort a-t-elle été si désastreuse? M. de Bismark le reconnaît : c'est parce qu'elle a été débattue dans des conditions d'isolement qui nous livraient sans défense à toutes les concupiscences d'un vainqueur froidement implacable. M. le vicomte de la Guéronière rappelait tout derniè-

rement, dans des articles qui ont fait justement sen-
sation, qu'après Waterloo le sage Louis XVIII avait
pu, grâce au concours de la Russie gagnée par l'ha-
bileté d'un grand ministre et d'un homme de bien, le
duc de Richelieu, tempérer les exigences de la coalition. A Francfort, la France s'est trouvée seule, aux
prises avec un adversaire décidé à profiter de tous
ses avantages et à pousser jusqu'au bout sa fortune.
Il ne s'est pas élevé, dans toute l'Europe monarchique, une seule voix pour plaider la cause de la République française. La Prusse a exigé l'Alsace, la Lorraine et cinq milliards ; si elle n'a pas demandé
davantage, c'est que d'une part M. de Moltke n'a pas
jugé nécessaire de pousser plus loin son offensive ;
c'est, d'autre part, que M. de Bismark a pensé qu'il
ne pouvait pratiquer sur nous une saignée plus abon-
dante sans tarir la source de notre crédit.

Pourquoi avons-nous dû exécuter jusqu'au bout
cette paix implacable? Pourquoi ne nous a-t-on pas
fait grâce d'un terme? M. de Bismark répond encore :
« C'est parce que nous n'avons eu personne en Europe
pour nous concilier les sympathies qui *auraient obligé
la Prusse à renoncer à une partie des avantages acquis.*

Pourquoi, enfin, ne serons-nous pas de longtemps
à craindre? C'est parce que notre situation intérieure
ne nous permet pas *de trouver un seul allié parmi les
grandes puissances européennes.* La France républicaine est un *épouvantail,* — c'est M. de Balan qui
parle — la France monarchique rassurerait l'Europe.

« Qu'arriverait-il, » écrit encore le prince chancelier, si quelque prétendant s'emparait du pouvoir avant que toutes les conditions du traité de Francfort aient été remplies ? « Je craindrais que d'autres cabinets, et notamment ceux qui nous sont sympathiques, nous recommandâssent d'avoir des égards pour l'état monarchique en France, et que nous ne fussions obligés de faire à ce germe monarchique des concessions que nous aurions refusées à la République. »

C'est avec cette franchise brutale qui recouvre, hélas ! un sens si profond, que M. le prince de Bismark jugeait, en 1872 et 1873, notre situation politique. Depuis, le 24 mai a eu lieu ; M. le maréchal de Mac-Mahon a remplacé M. Thiers ; le pouvoir est passé des mains des républicains dans celles des orléanistes ; cependant, rien n'est changé, si ce n'est que les trois cabinets qui se sont depuis dix-huit mois succédés aux affaires, nous ont tour à tour mis sur les bras, sans compter l'Allemagne qui n'a pas désarmé, l'Espagne et l'Italie, dont il eût été si facile de nous faire des amies. Nous sommes dans le même état d'isolement, aujourd'hui 1er janvier 1875, qu'il y a quatre ans, au lendemain de nos désastres. Notre diplomatie, qui compte pourtant tout ce que le faubourg Saint-Germain possède de plus blasonné, n'a pas su, je ne dirai pas nous créer une alliance, mais nous éviter une humiliation. M. le duc Decazes, lui-même, que toute la presse française célèbre avec un enthousiasme qu'on croirait com-

mandé tant il est unanime, n'a pas été sous ce rapport beaucoup plus heureux que ses prédécesseurs.
Sans doute il a su résister aux dangereuses suggestions
d'un parti que le fanatisme aveugle et mener à bonne
fin les deux négociations relatives à la reconnaissance
du gouvernement espagnol et au rappel de l'Orénoque.
Il a conduit ces deux mouvements de retraite avec
assez de lenteur et de circonspection pour sauver les
apparences et ménager notre amour-propre national.
Mais doit-on lui faire un si grand mérite d'avoir saisi
le moment qu'elle allait tomber pour reconnaître la
république espagnole et d'avoir évité de nous engager
dans des complications qui ne pouvaient aboutir qu'à
la guerre ou à une reculade? En vérité, les réputa-
tions se font à bon marché par le temps qui court,
et il faut que le niveau de nos hommes d'État ait
singulièrement baissé pour qu'un diplomate, qui a
jusqu'ici borné presque tout son rôle à subir la loi
du plus fort, tienne tant de place dans l'opinion, je
ne veux pas dire dans l'estime publique.

Certes, il faut être indulgent pour les hommes
auxquels est échue la pénible mission d'intéres-
ser l'Europe au sort d'une France amoindrie par
ses défaites, autant qu'affaiblie par ses divisions et
je reconnais volontiers qu'en l'état où nous sommes réduits, la prudence commandait, comman-
dera longtemps encore à notre diplomatie beaucoup
de résignation. Mais il ne suffit pas de porter au
pouvoir un patriotisme dépourvu d'exigences et de

susceptibilités pour être un véritable homme d'État. Le prince de Talleyrand trouvait moyen, de jeter en plein congrès de Vienne les bases d'une alliance féconde. M. le duc Decazes a su se faire beaucoup d'amis : je ne sache pas qu'il ait gagné à la France les sympathies d'une seule chancellerie[1].

Tel est le bilan de notre politique extérieure depuis le Quatre-Septembre ; à l'intérieur, la situation est plus sombre encore. L'anarchie est partout : dans le pouvoir, dans l'Assemblée, dans les esprits. Depuis quatre ans et demi que l'Empire a disparu, nous tournons, dans un cercle vicieux, à la poursuite d'un gouvernement qui nous échappe sans cesse, vivant au jour le jour, à la grâce de Dieu, toujours sous le coup d'une surprise et à la merci d'un accident, sans autres institutions qu'une loi précaire, sans autres garanties contre la révolution qu'une poitrine

---

1. C'est à l'effacement de ce rôle qu'il faut, sans doute, attribuer ce fait, que M. le duc Decazes, depuis un an qu'il est au pouvoir, a trouvé tant de loisirs pour mener tant d'intrigues parlementaires. Tout le monde sait qu'il a été, qu'il est encore, l'agent le plus actif de l'entreprise orléaniste connue sous le nom de conjonction des centres. C'est lui, par conséquent, qui a été le plus directement frappé par le vote qui a renversé le cabinet Chabaud-Latour, et cependant il demeure ferme à son poste : il est de toutes les combinaisons, de toutes les éventualités, de toutes les politiques : prêt à s'associer à la gauche sans pourtant rompre avec la droite, à la droite sans lui... tout espoir à la gauche : d'ailleurs conséquent avec lui-même, orléaniste toujours et compromettant, pour d'égoïstes intérêts de parti, l'autorité d'un ministre auquel est échu le suprême honneur de représenter la France devant l'Europe.

d'homme. Depuis quatre ans nos souverains s'agitent dans le vide et se consument dans l'impuissance, donnant à l'Europe confondue le spectacle de leurs vaines querelles et de leurs ambitions implacables; unis dans un commun sentiment : la haine de l'Empire, et dans une même pensée : celle de s'imposer au pays à l'aide d'une surprise; divisés dès qu'il s'agit de formuler un programme et d'affirmer une doctrine. Ils ont tour à tour occupé le pouvoir et mis tout en œuvre pour nous imposer le gouvernement de leur choix. Ils ont successivement essayé de fonder la république conservatrice et la monarchie légitime; ils essayent en ce moment de faire du septennat la préface de la monarchie constitutionnelle. Ils ont tout tenté, si ce n'est de rendre à la nation la libre disposition d'elle-même. Ils ont échoué partout. Toutes les pratiques auxquelles ils se sont livrés, toutes les fusions qu'ils ont rêvées, toutes les conjonctions auxquelles ils ont travaillé n'ont fait que démontrer leur impuissance et prouver leur incurable faiblesse. Que de coups de parties n'ont-ils pas eus? la guerre, la Commune, la réconciliation officielle des princes de la Maison de France; il semblait que tout favorisât leurs desseins dans le temps que tout nous était contraire. Qu'est-il arrivé cependant? Où en sont-ils et où en sommes-nous?

Nous sommes en république il est vrai; les monnaies l'attestent et les actes officiels en font foi; —

mais on peut impunément crier : Vive le Roi[1]! — Les républicains eux-mêmes le reconnaissent, — tous les cris sont permis excepté celui de vive l'Empereur; toutes les conspirations sont légitimes, hormis celle qui consiste à proclamer la doctrine de l'appel au peuple.

Nous sommes en république : car les ateliers sont vides et les prisons regorgent; car la Nouvelle-Calédonie suffit à peine à contenir les milliers de Français que la révolution du Quatre-Septembre y a jetés !

Nous sommes en république, car les bons tremblent et les méchants sont rassurés. Mais que deviendrions-nous si demain, par malheur, le maréchal de Mac-Mahon recevait à la chasse un mauvais coup? ou même si le comte de Chambord tombait sous le poignard d'un nouveau Louvel.

Nous sommes en république enfin, nous y sommes et nous y resterons.... jusqu'en 1880, c'est entendu. Mais qu'y avons-nous gagné? Quelles réformes a-t-on faites? Quels abus ont été supprimés? Quelles injustices réparées ?

La France est plus libre sans doute[2]? En effet, de 1852 à 1868, soit en seize années, l'Empire a supprimé ou suspendu trente-quatre journaux, dont neuf

---

1. Voir le dernier discours de M. Ricard.

2. Je dois beaucoup pour toute cette partie de mon travail à l'excellente brochure de M. Ferdinand Giraudeau (*Vingt ans de despotisme et quatre ans de liberté*). Je tiens à lui rendre publiquement hommage.

seulement à Paris ; en quatre ans, du 1er juillet 1871 au 1er novembre 1874, M. Thiers et le gouvernement du maréchal de Mac-Mahon en ont frappé deux cent soixante-neuf et poursuivi devant les tribunaux deux cent-sept[1]. L'Empire a vécu dix-huit ans dans la plus complète tranquillité, sans recourir aux mesures exceptionnelles. La république a maintenu et maintient encore, dans cinquante-trois départements, l'état de siége.

Sous l'Empire, on pouvait encore fonder des journaux d'opposition, témoin : l'*Avenir national*, le *Temps*, la *Liberté*, le *Monde*, l'*Opinion nationale*, le *Journal de Paris*. Aujourd'hui, toutes les autorisations sont impitoyablement refusées : un seul écrivain, M. Guyot-Montpayroux, a été assez heureux pour fléchir l'administration. Il est vrai que, pour reconnaître cette faveur, il déverse chaque matin de basses injures sur les hommes les plus considérables de l'Empire.

La direction de la presse avait été supprimée, comme on avait supprimé la préfecture de police au commencement, dans un élan de ferveur libérale qui dura juste le temps de faire un rapport et de le jeter au panier : on l'a reconstituée, et, du même coup, le monsieur en habit noir dont on a tant ri sous l'Empire a fait sa réapparition dans les bureaux de rédaction.

1. Voir à l'*Appendice* le tableau de ces suspensions.

Le service du colportage[1] avait été jugé superflu ;
on l'a également rétabli : seulement il ne se fait plus,
comme autrefois, sous le contrôle d'une commission
supérieure d'examen ; c'est un simple chef de bureau
qui en a toute la responsabilité. Aussi quels abus :
« sous l'Empire on n'interdisait que les livres obscènes
et les pamphlets, jamais le visa n'avait été refusé aux
discours même les plus violents des députés de l'opposition. M. Rouher ne put l'obtenir pour sa réponse
aux calomnies de M. d'Audiffret-Pasquier, affichées
à la porte de toutes les mairies ; ni M. le général
Pajol, pour sa lettre sur Sedan, simple récit des faits
dont il avait été témoin. »

Enfin le communiqué qu'on avait laissé tomber
en désuétude, trouvant sans doute que c'était assez de
l'état de siége, a reparu sous une incarnation nouvelle. On n'a pas, tout d'abord, osé lui restituer son
nom ; on lui a mis un faux nez, pensant qu'on ne le
reconnaîtrait plus ; on a cherché dans le dictionnaire
des synonymes un équivalent et l'on a trouvé : com-
munication ! Quel trait ! on le croirait renouvelé
des *Provinciales*. Mais ce n'est pas toute la différence :
les communiqués de M. le marquis de la Valette ou
de M. Pinard étaient polis ; les communications de
M. le général de Chabaud-Latour sont imperti-
nentes ; sous l'Empire, l'administration, mise en
cause, se bornait à rectifier les faits erronés ; pré-

____

1. Voir à l'*Appendice*.

sentement elle discute les doctrines, redresse les opinions et condamne les hérésies Le progrès est manifeste !

Les autres libertés nécessaires ont-elles été du moins un peu mieux respectées ? Je n'en finirais pas s'il me fallait énumérer toutes les atteintes qui leur ont été portées. Voyez les élections par exemple[1]: trouve-t-on qu'elles aient été plus libres depuis le 4 septembre que sous l'administration précédente. L'Empire pratiquait, c'est vrai, la candidature officielle; je reconnais volontiers qu'il en abusait. Mais il n'a jamais été, que je sache, jusqu'à frapper d'inégibilité ses adversaires, comme l'a fait M. Gambetta, dans un décret qui restera un monument d'audace. Il n'a jamais eu recours à la force armée et à l'envoi de commissaires extraordinaires[2], munis de pleins pouvoirs pour mettre à la raison des électeurs récalcitrants. Il n'a jamais, enfin, déployé plus de zèle à défendre ses amis, que le cabinet Chabaud-Latour n'en a mis à patroner certaines candidatures[3]

La liberté municipale était, après la liberté de la presse et la liberté des élections, le grand cheval de bataille de l'opposition libérale, dans les dernières années de l'Empire. Quel journaliste, quel homme

1. J'omets à dessein les réunions : il ne s'en tient plus.
2. M. Charles Ferry, en Corse.
3. Tout récemment encore, celle de M. Alicot dans les Hautes-Pyrénées.

d'État n'a pas présent à l'esprit le fameux **Projet de** 1865? Quand il parut, il n'y eut qu'un cri; à part quelques réactionnaires endurcis, ce fut un engoument général et M. Odilon Barrot, l'un des grands pontifes de la Décentralisation, fut un instant le personnage le plus populaire de France, après Rochefort. Hélas! où sont les neiges d'antan! Qu'est devenu ce beau feu? Qu'a produit toute cette grande ferveur? Au commencement, soit qu'elle fût encore éprise des doctrines de *self government* qu'un grand nombre de ses membres professaient publiquement sous l'Empire, soit que, par un sentiment de pudeur dont elle s'est bien guérie depuis, elle craignît de tomber dans une contradiction choquante, la majorité de l'Assemblée nationale se montra favorable à la cause des franchises municipales; et ce ne fut pas sans peine que M. Thiers obtint, pour son gouvernement, le droit de nommer les maires dans les villes de plus de vingt mille âmes. Depuis, le 24 mai a eu lieu, les décentralisateurs ont occupé le pouvoir, et.... l'on sait ce qu'il est advenu du programme de Nancy. La loi semi-libérale de 1871 a été rapportée; le gouvernement de l'ordre moral a réclamé, comme une prérogative nécessaire, le droit de nommer les maires jusque dans les plus petites communes et M. le duc de Broglie a pu, sans qu'une voix s'élevât pour lui rappeler son passé, prononcer des discours[1]

---

1. On lit dans l'exposé des motifs du projet de loi relatif à la

et rédiger des circulaires[1] que M. le duc de Persigny n'eût pas désavoués.

Parlerai-je de la liberté individuelle? on sait comment les hommes du 4 Septembre s'entendaient à la faire respecter et l'on n'a pas oublié la scandaleuse expulsion du prince Napoléon sous le gouvernement de M. Thiers. Aujourd'hui, je le reconnais volontiers, ces agissements seraient impossibles : M. le maréchal de Mac-Mahon ne les tolérerait pas, s'ils se produisaient publiquement. Mais si nous n'avons plus rien à craindre pour notre sécurité, peut-on dire que notre dignité d'hommes et de citoyens libres soit respectée, quand il est avéré que nous sommes l'objet d'une surveillance outrageante?

Dirai-je enfin tous les abus, tous les actes de favoritisme, toutes les tentatives de corruption qui ont

nomination des maires, déposé par M. le duc de Broglie et voté par l'Assemblée : « Il est avéré que le choix des maires tel qu'il est réglé par la loi du 14 avril 1871.... désarme le pouvoir actuel et laisse sans garanties suffisantes le maintien de l'ordre public et l'exécution des lois, etc. »

1. On lit dans une circulaire signée de Broglie :

« Monsieur le Préfet,

« Quelle que soit la population des communes, vous pouvez suspendre, révoquer, remplacer les maires et les adjoints qui ne vous offriraient pas de suffisantes garanties. Quoiqu'en règle générale, il convienne de désigner leurs successeurs parmi les membres du conseil municipal, vous n'êtes lié à cet égard par aucune nécessité; vous n'avez à tenir compte que des circonstances et votre but doit être de vous assurer le concours d'agents fermes, honnêtes et dévoués.... »

marqué ces dernières années ? Faut-il rappeler la mémorable circulaire du préfet Pascal, les scandaleuses
nominations dans les finances[1], dans la magistra-
ture, dans l'administration, dans la diplomatie, dans
la Légion d'honneur ? Je n'ai pas le goût des per-
sonnalités ; si je l'avais, quel tableau je pourrais
faire ? quelle liste je dresserais ? Un mot seulement :
sous l'Empire, qui fut, comme on sait, le régime du
bon plaisir, le recrutement, l'avancement du personnel administratif était soumis à certains usages mi-
nistériels, à certaines traditions de bureau qui avaient
fini par acquérir force de loi. C'est ainsi que les préfets de première classe étaient choisis parmi ceux de
seconde, et ainsi de suite. Dans les finances, dans la
diplomatie, les mêmes règles hiérarchiques étaient
scrupuleusement observées. On franchissait pénible-
ment chaque échelon, l'un après l'autre, et l'on restait souvent, même avec du mérite et de la distinc-
tion, plusieurs années sur chacun. Les postes importants
étaient le couronnement d'une longue carrière ; on n'y
arrivait qu'avec des cheveux blancs, souvent trop
tard, à mon avis ; si l'administration impériale avait
un défaut, c'était de faire une trop petite part au choix.
La République a changé tout cela : la hiérarchie
n'existe plus, l'ancienneté n'est plus qu'un vain mot.

1. L'Empereur avait décrété qu'il faudrait au moins vingt
ans de services financiers, pour être nommé receveur-général.
M. Thiers a secrètement abrogé ce décret ; et je ne sache pas que
le gouvernement actuel l'ait fait revivre.

On ne vous dit plus : « Ayez des services et du talent; » on vous dit : « Soyez le parent ou l'ami d'un député[1]. » Voyez notre personnel diplomatique. A part Londres et Madrid, tous les grands postes sont remplis par des hommes absolument étrangers à la carrière; encore les nominations de M. de Jarnac à Londres et de M. le comte de Chaudordy à Madrid sont-elles toutes récentes. Ce dernier dut longtemps se contenter d'un poste inférieur, sans doute parce qu'il comptait vingt ans de services et qu'il a du talent. Pendant ce temps, M. le général Le Flô, dont l'insuffisance est notoire, représente la République française auprès d'un gouvernement qui tient peut-être le secret de nos destinées.

Dans l'administration proprement dite les abus sont plus criants encore. Sous le ministère de M. de Goulard on comptait dans le personnel des préfets :

Un attaché d'ambassade;
Un inspecteur des enfants assistés;
Un attaché au ministère des finances;

1. Il y a quelques deux ans et demi un jeune secrétaire d'ambassade alla voir M. Thiers, ancien ami de sa famille, pour lui notifier son intention de quitter la carrière : « Ma foi, lui répondit le président, avec une exquise bonhomie; je crois que vous avez raison, c'est un métier perdu. Par suite des événements d'Allemagne et d'Italie, la plupart des petits postes sont supprimés et les grands j'en ai besoin pour la Chambre, je me les réserve. »

Un commis-voyageur ;

Un ingénieur des ponts et chaussées ;

Un ingénieur des tabacs ;

Un inspecteur des finances ;

Un professeur de droit ;

Un professeur de dessin ;

Deux professeurs d'humanités ;

Deux militaires ;

Deux marins ;

Quatre magistrats ;

Cinq *hommes du monde ;*

Six journalistes ;

Vingt-quatre avocats.

En tout cinquante-cinq préfets absolument étrangers à la carrière ! J'accorde volontiers que le gouvernement du maréchal Mac-Mahon a fait rentrer dans le néant beaucoup de ces déclassés. Le commis-voyageur a disparu ; les professeurs de dessin ont été rendus à leurs crayons. Mais que d'hommes du monde encore ? Que de préfets[1] « tout frais émoulus des universités, » comme dit Montaigne ? Que d'avancements immérités ? Que de nominations

1. Dans les derniers temps du gouvernement de M. Thiers, MM. Dezannau, de Vinols, Chaurand, de Franclieu, de Limairac, etc., avaient déposé un projet de loi ainsi conçu : « Nul ne pourra être nommé sous-préfet avant l'âge de 25 ans, secrétaire général avant 30 ans, préfet avant 35 ans. » Qu'est devenu ce projet ?

anti-hiérarchiques. Quelle débauche de ruban rouge !
M. Thiers le prostituait à des faillis ; aujourd'hui, on
le donne à des gamins.

Je m'arrête : aussi bien, si j'ai tant insisté, ce
n'est pas pour me donner la vaine satisfaction d'é-
taler au grand jour les infirmités de nos adversaires ;
c'est pour en tirer cette conclusion : qu'il n'est pas
étonnant que le pays désabusé revienne tout douce-
ment à l'Empire. La France a horreur du vide. L'i-
solement où l'a plongé la révolution du quatre septembre, et l'absence de gouvernement défini la trou-
blent : depuis quatre ans et demi bientôt qu'elle
marche à tâtons, ballottée dans tous les sens et gou-
vernée par des impuissants qui ont pris soin de ré-
habiliter le régime impérial en le copiant avec autant
de maladresse que de servilité, elle voudrait bien s'arrêter à quelque chose de fixe et de solide ; elle cherche
un refuge : c'est son droit.

III

LA CALOMNIE

Née du premier échec, grandissant avec chaque
défaite, triomphant dans le désastre définitif, elle
avait acquis une telle audace qu'elle faisait baisser
les yeux même des honnêtes gens. Tout la servait,
l'imprévu de nos malheurs et leur immensité, notre
tristesse, par-dessus tout notre vanité blessée, et ce
lâche besoin qu'on éprouve, individu ou nation, à
rejeter sur autrui la responsabilité de ses illusions
et le poids de ses fautes. Mais quatre ans se sont
écoulés : la réflexion est venue; des voix courageuses
se sont fait entendre et même écouter; la mémoire
de la France, obscurcie et stupéfiée par les terribles
coups qui s'étaient succédés, est revenue peu à peu;
son jugement s'est affranchi de la tyrannie des apparences, et sa générosité naturelle a fait taire les res-
sentiments de son amour-propre. D'ailleurs elle a vu
à l'œuvre ceux qui avaient été les plus acharnés
adversaires de l'Empire et qui s'étaient faits les pa-

trons les plus ardents de la calomnie. Après avoir comparé, elle a jugé.

Il est singulier, mais il est rigoureusement vrai, que chacune des accusations dont l'amas s'élevait, il y a trois années, contre l'Empire vaincu, s'est retournée contre les accusateurs. N'avait-on pas prétendu, tant il est vrai que l'absurde à de certains moments est accepté pour vraisemblable, que l'Empereur, au lendemain du plébiscite de 1870, avait voulu et fait une guerre dynastique? Or aujourd'hui, le sang-froid revenu, on ne se laisse plus dire qu'un gouvernement voulait la guerre en juillet 1870, quand il avait, quelques mois auparavant, réduit le contingent, et librement appelé au pouvoir des hommes qui en tête de leur programme avaient écrit : « Nous voulons la paix; » qu'un gouvernement avait besoin de la guerre en juillet 1870, quand il avait deux mois auparavant, malgré les efforts désespérés et libres de toutes les oppositions groupées contre lui, reçu la consécration éclatante du suffrage universel.

On se ressouvient aujourd'hui du désarroi jeté par ce vote inattendu dans les rangs des républicains. Les anciens qui se croyaient aux portes de la terre promise, abdiquant tout espoir d'y entrer, parlaient de mourir enveloppés dans leur drapeau; les jeunes moins facilement résignés cherchaient des accommodements avec la réalité brutale, et, prêts à sortir de l'isolement superbe où s'enfermaient les patriarches, regardaient par la porte de la « *Gauche ouverte !* »

La Gauche ouverte! Le mot est-il de vous, M. Ernest Picard, ou bien de vous, M. Guyot-Montpayroux? Le certain c'est que vous aviez, l'un et l'autre, grand goût à la chose, que l'un et l'autre vous avez depuis trop oubliée.

Non, l'Empereur ne pouvait pas vouloir une guerre dynastique au lendemain du plébiscite qui consolidait la dynastie. La vérité absolue, sur cette question, c'est que l'Empereur prévoyait la guerre; c'est qu'il a fait tout ce qui dépendait de lui pour la bien préparer en nous instruisant sur les forces de nos futurs ennemis et sur notre propre faiblesse; c'est qu'il l'a acceptée en juillet 1870 sans enthousiasme, après avoir essayé de la décliner, et seulement sous la double pression de l'opinion publique et de cette conviction que tôt ou tard le conflit était inévitable.

L'Empereur prévoyait la guerre. Il savait depuis longtemps que deux problèmes s'imposaient à l'Europe contemporaine, celui de l'unité italienne et celui de l'unité allemande. Il avait pris en main le premier par sympathie pour l'Italie, mais aussi par respect pour la politique plusieurs fois séculaire de notre pays, qui ne permettait pas que l'Autriche, maîtresse comme elle l'était, directement ou indirectement, des trois-quarts de la Péninsule pût, à un moment donné, menacer notre frontière du sud-est. Il avait fait la guerre glorieusement, et s'était arrêté sagement devant la menace d'une coalition allemande. Puis il avait essayé de modérer et de contenir dans des li-

mites raisonnables le mouvement unitaire italien, et
il avait obtenu sans peine de son allié, Victor-Emmanuel, comme du suffrage des populations savoisienne
et niçoise les compensations qu'il était en droit d'attendre.

Je sais bien qu'aujourd'hui la guerre d'Italie lui
est imputée à crime, que maints politiques versent
des larmes sur les lauriers de Solférino ; ce sont des
politiques médiocres pour qui une question ajournée
est une question finie. Mais n'est-il pas évident aujourd'hui que si l'Italie n'avait pas été par nous aidée
à satisfaire ses aspirations nationales, elle aurait, un
jour ou l'autre, cherché son unique appui en Allemagne ? Depuis longtemps déjà, lorsqu'éclata la
guerre italienne, M. de Bismark avait ses projets et
ses plans — certaines lettres de lui en témoignent —;
il s'était juré de rejeter l'Autriche, *per fas et nefas*,
hors de l'Allemagne. La guerre d'Italie n'eût-elle pas
eu lieu, la guerre de 1866 était inévitable : Solférino
supprimé n'eût pas supprimé Sadova. L'écrasante rapidité des victoires de la Prusse dans la campagne
de Bohême permet d'affirmer qu'elle eût été aussi bien
victorieuse avec l'alliance de Victor-Emmanuel, simple
roi de Piémont, qu'avec celle de Victor-Emmanuel,
roi d'Italie. Et le résultat final eût été seulement modifié en ce point qu'aujourd'hui les sympathies et les
obligations de l'Italie seraient, de toute nécessité, ex-
clusivement prussiennes.

L'Allemagne, plus que l'Italie, aspirait à l'unité.

Si la constitution germanique avait été organisée en
1815 pour le plus grand profit de l'Autriche et des
princes restaurés, peut-être aussi pour la plus grande
commodité de la paix européenne, il était évident
que le peuple allemand ne consentirait pas toujours
à se sacrifier aux intérêts des princes, ni même à
ceux de l'Europe; que la rivalité des deux grandes
puissances, Autriche et Prusse, amènerait un duel
sans pitié où périrait l'œuvre savante des diplomates;
que la question de la réforme allemande serait for-
cément liée à cette rivalité; que la Prusse, état plus
moderne et plus homogène, serait sollicitée par l'opinion publique de prendre la tête du mouvement, et
qu'elle finirait par céder afin de chercher dans la
question allemande la satisfaction de l'intérêt prussien. Si le choc eût pu être évité, il l'eût été par les
moyens que proposait l'Empereur dans une lettre
adressée au ministre des affaires étrangères et lue
au Corps législatif, le 12 juin 1866. S. M. signalait,
en effet, la triple cause de la guerre : la situation
géographique de la Prusse mal délimitée, le vœu de
l'Allemagne demandant une constitution politique
plus conforme à ses intérêts généraux, la nécessité
pour l'Italie d'assurer son indépendance nationale.
Elle déclarait qu'elle eût voulu que l'Autriche cédât,
moyennant compensation, la Vénétie; que la constitution allemande fût remaniée; que la Prusse acquît
plus de force et d'homogénéité dans le nord de l'Allemagne. On a beaucoup raillé cette sollicitude pour

l'État mal fait ! Si la Prusse était difforme, ce n'était pas à nous, disait-on, de la redresser; mais l'Empereur savait bien qu'il y avait dans la Prusse la force nécessaire pour obtenir ce redressement, et qu'il en coûterait cher à quiconque voudrait l'empêcher.

Aucun des souhaits de la diplomatie impériale ne fut accompli : la guerre éclata; elle fut décisive. La cause de l'unité allemande était gagnée au profit de la Prusse. Il ne restait plus à la France qu'à modérer le mouvement unitaire, à prendre certaines précautions contre lui au nom des intérêts français et européens, sans irriter le sentiment national allemand. Jamais tâche ne fut plus difficile : elle supposait un accord tacite des pouvoirs législatif et exécutif et de l'opinion publique : de la modération, mais appuyée sur la force. A tous moments la guerre pouvait surgir; il fallait donc, tout en voulant la paix, être préparé à la guerre. L'Empereur fut à peu près le seul à le comprendre.

On ne veut pas refaire ici l'histoire lamentable des efforts inutiles essayés par le gouvernement impérial pour donner au pays le sentiment des dangers qu'il courait, et pour obtenir de lui qu'il s'armât contre eux. Formation, au lendemain de Sadowa, d'une grande commission chargée d'étudier une nouvelle loi militaire; discours réitérés, convaincus, tristes et, par moment, prophétiques du maréchal Niel, qui défend pied à pied, article par article, devant la Chambre incrédule, un projet de loi qu'il considère

comme de salut public ; informations réitérées, portées à la tribune, ou publiées par le *Journal officiel*, ou
consignées dans des traités spéciaux, sur les forces
dont pouvait disposer la confédération de l'Allemagne du Nord : rien n'a été négligé pour éclairer le
public ; rien de plus ne pouvait être fait, à moins
que l'on ne prétende que le gouvernement devait
déclarer tout net : « Armons-nous contre la Prusse ;
nous aurons certainement la guerre avec elle ; or,
elle a tant d'hommes, tant de canons, tant de chevaux plus que nous ; hâtons-nous de combler la différence. » Hélas, ce langage peu diplomatique, il semblait qu'il arrivât jusqu'aux lèvres du maréchal
Niel, dans ces séances de la Commission ou bien de
la Chambre, où l'on assure que plus d'une fois il
eut les larmes aux yeux. Que de fois ne s'est-il pas
écrié, en répondant à ceux qui exigeaient des réduc-
tions : « mais vous me demandez l'impossible !....
Je ne puis pas soutenir le rôle que vous m'impo-
sez !.... Vous ne prenez pas garde que nous avons
moins d'artillerie que les autres puissances de l'Europe !.... *Vous vous repentirez dans quatre ou cinq
ans !* » et l'on a osé dire qu'un gouvernement qui tenait ce langage a manqué de prévoyance. Mais que
n'a-t-on pas osé ? On se souvient de l'accusation un
jour lancée par M. Thiers contre le gouvernement
tombé, auquel il reprochait d'avoir affronté la guerre
sans alliance ; mais on n'oubliera pas les démentis
qui lui ont été opposés. Malgré la réserve qu'il faut

toujours garder, en cette délicate matière, il a été prouvé que l'Empire n'était point isolé et que nous ne serions point demeurés seuls sur les champs de bataille, si le malheur ne nous y avait pas, du premier coup, accablés.

Il fallait, dira-t-on, prévoir ce malheur, refuser une guerre pour laquelle on ne se sentait pas prêt. Eh bien ! ce n'est aujourd'hui un mystère pour aucune personne de bonne foi que l'Empereur eût voulu refuser cette guerre au moment où elle s'offrit sous la forme de l'incident Hohenzollern. On peut faire, minute par minute, l'histoire des journées qui ont précédé la déclaration de guerre : on y verra que le souverain cherchait la conciliation et qu'il hésitait encore, quand l'opinion impatiente s'était prononcée.

S'il s'est décidé, c'est que sachant la guerre inévitable, ne pouvant se contenter d'une satisfaction réputée par tous illusoire, satisfait d'ailleurs de l'état de ses négociations diplomatiques, il a cru qu'il devait exécuter aujourd'hui ce qui s'imposerait le lendemain. Il espérait d'ailleurs réunir promptement son armée, prendre hardiment l'offensive, brusquer la victoire et donner à ses alliés le temps et le moyen de se déclarer. Il s'est trompé. Comme M. Thiers, comme M. Changarnier, comme beaucoup d'autres ; il a cru qu'entre la déclaration de guerre et l'ouverture des hostilités, il s'écoulerait deux ou trois mois. Surpris en voie de formation, il sentit au premier revers que les désastres allaient venir, et la profonde tristesse de ses dépêches surprit, indigna même le plus grand nombre. Ne lui avait-on pas déjà reproché, au moment où il partit pour l'armée, cette proclamation où il parlait de « défendre l'honneur et le sol de la patrie ! » Le sol de la patrie ! mais personne n'admettait alors qu'il pût être violé, personne, si ce n'est celui qui, de tous les Français, avait conservé le plus de sang-froid et de connaissance réelle des choses.

Il est trop facile d'opposer à cette conduite du gouvernement impérial celle de ses adversaires, qui devaient bientôt être ses successeurs[1]. On pourrait aussi reprocher à la majorité du Corps législatif sa faiblesse et dire quelques sévérités à d'honnêtes gens peu au courant de l'état de l'Europe, férus d'idées pacifiques et trop préoccupés des sympathies de leurs électeurs, que les gens de la gauche menaçaient de leur enlever en se faisant les champions du dégrèvement et du désarmement, c'est-à-dire en flattant le bas instinct qui pousse à sacrifier le moins possible aux besoins de la patrie. Quels regrets a dû laisser dans les âmes la discussion du budget de 1869 ! Je vois et j'entends encore M. Gressier demander, au nom de la commission, l'augmentation des congés militaires par un vote qui « indiquât au gouvernement » la nécessité « d'entrer dans cette voie » ; le maréchal Niel se ré-

____

1. Voir le livre de M. Giraudeau, *la Vérité sur la Campagne de 1870.*

crier ; M. Segris renforcer de sa voix autorisée les ar-
guments de M. Gressier ; le maréchal Niel riposter ;
M. Mége arriver à la rescousse de ses deux collègues
et enlever le vote de la Chambre, malgré la protestation émue du baron de Benoist, député d'un département frontière ! Et les pacifiques n'étaient pas satis-
faits ? Il leur fallut encore une économie de sept cent
mille francs, provenant du renvoi de trois mille chevaux chez les cultivateurs, et une réduction de cent
mille francs, que l'on obtiendrait en supprimant quatre escadrons de cavalerie. Quelles misères ! et comme
ces économies devaient coûter cher !

Mais ces erreurs d'honnêtes gens ne se peuvent
comparer aux théories ridicules ou monstrueuses, à
la tactique parlementaire des hommes de la gauche.
La guerre que l'Empereur avait prévue, ceux-ci ne
l'ont pas vue, ou du moins ils ont feint de ne la pas
voir venir. Par une contradiction que peut expliquer
la seule mauvaise foi, ils saisissaient pourtant toutes
les occasions d'y pousser le gouvernement, tout en
lui refusant les moyens de la faire, et s'ils ont, au
dernier moment, reculé devant le fait qui allait s'ac-
complir, c'est, — je rougis de le dire, — qu'ils avaient
peur de la victoire.

A l'appui de toutes ces accusations qui sont graves, je n'invoque pas le témoignage de MM. Garnier-
Pagès et Glais-Bizoin, parce que j'en sens moi-même
toute l'insuffisance ; mais il ne faut pourtant pas laisser tomber dans l'éternel oubli les déclamations de

ces fantoches, qui étaient alors des manières de personnages, qui ont siégé depuis dans le gouvernement
de la France, et qui, pliant aujourd'hui sous le poids
des ans et des fautes, rôdent encore, le chef bran-
lant, autour du Corps législatif où nous ne désespé-
rons pas de les voir rentrer un jour. Rappelons donc
au corps électoral quelques-uns de leurs titres à la reconnaissance publique. Il ne se souvient peut-être
pas que, dans la discussion sur le projet de loi militaire de 1866, M. Garnier-Pagès, — M. Garnier-Pagès
le député, le philosophe, le penseur, l'historien, —
a recommandé, comme la seule bonne organisation
militaire, la levée en masse, en s'appuyant sur ce
fait que « lorsque nous avons fait la levée en masse,
nous sommes allés à Berlin ; » ce qui semblerait prouver, ou bien que les armées de la république sont
allées à Berlin, ou bien que la Grande armée était le
produit d'une levée en masse. Peu de temps après,
le même M. Garnier-Pagès achevant de révéler au
monde ses doctrines diplomatiques et stratégiques,
éprouvait le besoin de protester contre ces paroles du
message impérial : « L'influence d'une nation dépend
du nombre d'hommes qu'elle peut mettre sous les
armes!... » Non, dit-il, son influence dépend de ses
principes. Les alliances avec les gouvernements n'ont
plus de valeur. Les alliances avec les peuples sont
seules utiles. Les rivières, les montagnes, les forteresses ont fait leur temps. La vraie frontière, c'est
le patriotisme ! Quant à M. Glais-Bizoin, il a eu l'à-

propos de demander, dans la discussion du budget de 1870, la réduction du contingent à quatre-vingt mille hommes, et il s'est excusé de faire si peu. La défense de son amendement commençait ainsi : « Je vous avouerai même, disait-il à ses collègues, que j'éprouve une sorte de honte à le soutenir et même à l'avoir signé. »

Que si l'on récuse ces deux autorités comme médiocres et surannées, nons ferons comparaître deux hommes, dont l'un au moins se croit sorti intact de nos calamités et réservé au Gouvernement de la République, M. Jules Favre et M. Jules Simon. Le premier, dans la discussion du budget de 1869, proteste contre cette doctrine que la sécurité de la France est attachée à ce qu'elle soit embastionnée et cuirassée, à ce qu'elle ait dans ses magasins des monceaux de poudre et de mitraille. « Tout cela, dit-il, c'est de l'ancienne politique, c'est de la politique de haine, ce n'est pas de la politique d'expansion et d'abandon. » Et dans la séance du 1ᵉʳ juillet 1870, quolqucs jours avant la déclaration de guerre, le même avocat apportait à la tribune la théorie de la nation armée; il demandait qu'au bulletin de vote correspondît l'arme « avec laquelle le citoyen peut défendre à la fois et sa patrie et ses droits civiques ! » Au moins celui-là s'est repenti ! Il devait voir par lui-même que ce n'était pas assez de toutes les larmes « de la politique d'expansion et d'abandon » pour sauver même un pouce de notre territoire, même une pierre de nos forteresses. Il devait voir les citoyens ses électeurs, pourvus de l'arme qu'il leur souhaitait, plus préoccupés, dans Paris assiégé, de leurs droits civiques que de la patrie en danger, et préparer devant l'ennemi l'orgie sanglante de la commune! Il s'est frappé la poitrine; il a déclaré qu'il se repentait devant Dieu et devant les hommes! C'est bien, s'il comprend que le repentir ne suffit pas et qu'il lui faut achever sa vie dans la pénitence ! Mais qui a entendu parler du repentir de M. Jules Simon? Le philosophe n'a que des *souvenirs*, dont il tire parti en librairie. Qui se douterait à le voir aller et venir, disserter, politiquer, guetter l'avenir, qu'un jour, dans la discussion même de cette loi de salut préparée par le Gouvernement au lendemain de Sadowa, il a prononcé ces paroles qu'on devrait, par une loi spéciale, l'obliger à reproduire au bas de ses futures professions de foi : « Le militarisme est la plaie de l'époque! Il n'y a pas d'armée sans esprit militaire, nous dit-on! Alors nous voulons une armée qui n'en soit pas une ! »

Mais quelle honte que le même parti, prenant texte de chaque difficulté de la politique européenne, se soit évertué à pousser le gouvernement à cette guerre dont il niait la nécessité, et qu'il lui refusait les moyens de faire! Relisez les journaux républicains au moment où se sont présentées les questions du Luxembourg et du chemin de fer du Saint-Gothard. Rappelez-vous dans la discussion soulevée par

la dernière question, un sous-ordre du parti,
M. Jules Ferry se précipitant à la tribune, rappelant ses collègues « au patriotisme », et jetant à la
majorité du Corps législatif cette injure : « majorité de
Sadowa ! ». Comme si Sadowa étouffait M. Ferry, qui
n'eût certes pas donné au gouvernement l'argent et
les hommes nécessaires pour réparer ce désastre !

Quelle triste attitude enfin que celle de ce parti au
moment suprême. Je me garde bien de l'envelop-
per tout entier dans l'accusation que je vais dire. Je
sais que dans la gauche, il y a eu des hommes qui
souhaitaient ardemment de saluer les aigles victo-
rieuses; mais je ne puis effacer de ma mémoire certaines paroles qui ont été prononcées alors. N'a-t-on
pas vu le *Rappel* écrire le 13 juillet, d'un ton à faire
croire qu'il hésitait entre les deux termes de l'alter-
native posée par lui : « Si l'armée française est victorieuse, nous sommes dans la main de Napoléon III....
si elle était vaincue, nous serions, — et ce serait assez
humiliant dans les mains du roi Guillaume ! » Le
lendemain, le *Réveil*, sous la signature de M. De-
lescluze, examinait froidement ce qui arriverait, si
« les choses se passaient au gré des batailleurs des
Tuileries », c'est-à-dire si nous étions vainqueurs. Le
même journal, qui était, on se le rappelle, l'organe
respecté de la pure démocratie radicale, avait déjà,
par la plume de M. Siebecker, donné tout le secret
de la tactique républicaine. D'une part il avait montré toute la gravité de l'affront fait à la France par

l'incident Hohenzollern. « Mais vous êtes investis,
mes braves gens, avait-il dit d'un ton de bonne
humeur !... La Prusse à Forbach, la Prusse derrière
le Rhin, à Kehl, la Prusse derrière les Alpes, la
Prusse derrière les Pyrénées.... Ceux qui aiment la
Prusse peuvent se régaler; on en a mis partout.... »
D'autre part, il mettait en scène le peuple invité par
le gouvernement à faire son devoir, et répondant au
gouvernement : « Je ne vous connais pas.... » car
le peuple, qui « a fait voir aux fameux tacticiens de
l'école de Frédéric comment, avec des soldats im-
provisés, on battait les armées régulières.... » trouve
ces élans irrésistibles « jamais pour sauver les dy-
nasties qui croulent, mais pour faire respecter sa
république à lui ! » Voilà si je ne me trompe, et
bien donnée, la formule du patriotisme conditionnel
et subordonné. Or, au moment où l'on osait écrire
ces choses, on osait en dire de plus catégoriques.
J'ai entendu cette parole : « Nous souhaitons un Waterloo ! »

Ce n'étaient point là des mots en l'air : ce qui a
été dit avant les victoires qu'on craignait, on l'a
répété après les désastres qu'on souhaitait. Quelle
haine anti-patriotique devait donc bouillonner dans
le cœur des purs démocrates, quand un pâle libé-
râtre, un monarchico-constitutionnel, pouvait écrire
à la fin de décembre 1870 cette phrase infâme que le
pauvre vieillard eût bien dû emporter dans sa tombe
déjà entr'ouverte : l'année 1870 qui a renversé l'Em-

pire « n'a pas été tout à fait stérile... Nos malédic-
tions doivent se mêler de quelque gratitude; tout
compte fait nous la bénirons ! » Au reste, je n'ai que
faire des paroles, quand les faits sont là, pour montrer
à qui ont profité ces désastres ; après Sedan, le 4 septembre; après Metz, le 31 octobre, ou l'essai de la
Commune; après Paris, la Commune elle-même. Ainsi
chaque fois que la France descend d'un degré dans
l'abîme, l'idée républicaine monte d'un degré vers la
fortune. Au jour de la ruine définitive, elle obtient
sa forme dernière et fatale dans la Commune!

Pour tout dire et soulager vraiment notre conscience du poids dont l'oppriment les calomnies
contre l'Empire, il faudrait, après avoir comparé la
conduite du gouvernement tombé et de ses adversaires avant la guerre de 1870, poursuivre ce paral-
lèle pendant la guerre elle-même ; mais le sujet est
inépuisable et la démonstration faite. Quel luxe de
médiocrités prétentieuses, au lendemain du 4 septembre, de sottises et d'incapacités ombragées sous
les panaches, de malhonnêtetés cachées dans les
fournitures ! Que de lâchetés, et par là je n'entends
pas seulement la lâcheté qui a consisté à ne point
paraître sur les champs de bataille ! ni celle, plus ré-
voltante encore, qu'ont commise les « ligueurs du
midi » en mettant à profit nos désastres pour créer
dans l'État un État dont ils seraient maîtres. J'entends la lâcheté des hommes qui n'ont pas eu le
courage de traiter, quand il en était temps encore

et d'épargner à notre pays la moitié de sa ran-
çon !

Quelque grands qu'aient été les malheurs de la
patrie, nous n'avons point, nous impérialistes, à en
rougir. L'Empereur vaincu, accablé par le nombre,
après avoir acquis la conviction que le désastre était
irrémédiable, après avoir, avec un sang-froid admiré
par l'ennemi, et reconnu même par des adversaires
politiques, attendu et cherché la mort, ne se préoc-
cupe plus que d'épargner le sang des quatre-vingt
mille hommes cernés par l'artillerie prussienne. Il
eut le courage de se courber devant la nécessité. Ce
courage, les hommes du 4 septembre ne l'ont pas
connu. N'ont-ils pas au mois d'octobre 1870,
alors qu'on leur offrait l'armistice à des conditions
que nous devons aujourd'hui amèrement regretter,
refusé de rien entendre, parce que la foule criait la
guerre à outrance, et que, sortis de la foule, tirant
d'un suffrage tumultuaire rendu en un jour d'émeute
leur mandat et leur force, ils n'avaient point la qua-
lité nécessaire pour résister à ses caprices, pour
éclairer son ignorance.

Quoi! ils ont osé reprocher comme une ignominie
au chef légitime de la nation d'avoir été vaincu et
d'avoir reconnu sa défaite, comme ont fait Jean le Bon
à Poitiers et François Ier à Pavie, et ces gouvernants
de hasard n'ont pas eu conscience qu'ils commettaient
un crime en prolongeant une lutte impossible, par
respect pour leur popularité compromise, et par

égards pour la sotte légende révolutionnaire de la levée en masse : car ces hommes qui vivent de mots ont le culte des mots et ne peuvent se soustraire à leur domination. Ils avaient tant dit que la sainte république vaincrait, que la force morale triompherait de la force matérielle ! Ils avaient relevé dans les carrefours de Paris l'autel de la patrie, décrété l'enrôlement en masse sous des portiques enguirlandés. Ils ne pouvaient avouer l'impuissance radicale de ces oripeaux révolutionnaires. Pendant que l'Empereur se soumettait à la force majeure, que l'Impératrice refusait noblement de mêler les intérêts de la famille impériale aux malheurs de la patrie, eux s'aventuraient dans l'expédient sinistre de la guerre à outrance, confiants dans je ne sais quel hasard, ou répétant la parole fameuse : Périsse la patrie, plutôt que nos principes !

Si jamais une guerre fut dynastique, ce fut celle-là. Combattants de l'armée du Nord, de l'armée de la Loire et de l'armée de l'Est, mobiles et mobilisés que la faim, la mauvaise nourriture, les souliers aux semelles de carton ont tués plus encore que la mitraille ennemie, ce n'est pas pour la France, c'est pour la république que vous avez combattu et que vous êtes morts ! Au dernier moment de la résistance, quand le général Trochu, le gouverneur qui ne devait pas capituler, proposa dans la séance du 26 décembre 1870 à ses collègues de l'émeute de lui désigner un successeur qui capitulât à sa place, on vit frémir M. Garnier-Pagès et M. Arago. M. Garnier-Pagès dit qu'on pouvait diviser l'armée en deux classes, l'une qui veut combattre jusqu'à la mort, « l'autre qui ne se soucie pas de voir la République sauver la France compromise par l'Empire. » Il voyait dans le général Trochu « le seul général qui pût et voulût sauver la République. » Si M. Trochu voulait se retirer, lui, M. Garnier-Pagès, le suivrait dans sa retraite ! Quelle menace ! M. Arago fut plus explicite encore. Comme M. Trochu aux abois proposait d'appeler les généraux à décider du choix d'un nouveau commandant militaire, M. Arago déclara qu'il s'opposait au projet, attendu qu'il ne s'agissait pas seulement là d'une question militaire et que « son premier soin serait de réclamer du nouveau général en chef une profession de foi républicaine ! » On s'est moqué des Byzantins discutant théologie dans Constantinople assiégée par les Turcs. Que vous semble de ce républicain parlant de profession de foi républicaine dans Paris investi par les Allemands, et dont la famine va faire cheoir les ponts-levis !

L'expérience a donc été complète et elle est concluante. L'hésitation du pays n'est plus possible, après réflexion, entre l'Empereur qui a succombé, il est vrai, mais dans un conflit inévitable, qu'il avait prévu, contre lequel il avait pris les précautions possibles, et ces déclamateurs creux, nourris de phrases sans suc, éblouis par des visions fanées, qui n'avaient rien prévu, qui ont tout entravé, jusqu'au jour où, brusquement jetés dans la réalité, ces pâles avocats de la tribune française ont dansé comme des jouets aux mains de l'orateur cuirassé de la tribune de Berlin, où ces théoriciens à principes ont courbé la tête devant le praticien de la force !

Élevons-nous un moment au-dessus de nos douleurs patriotiques ; si terribles que soient les événements qui nous ont frappés, mettons-les dans l'ensemble de l'histoire. L'Empire a été vaincu par une force majeure qui eût brisé tout autre Gouvernement. Cette force majeure, tous les peuples en disposent tour à tour. Elle était au dix-septième siècle au service de la France, arrivée à la perfection de son organisation monarchique. Elle a passé au dix-huitième siècle au service de l'Angleterre, arrivée, après de longues révolutions, à la perfection du régime représentatif et jetant au dehors, dans la politique continentale et coloniale l'excès de sa force. Elle est revenue à la France reconstituée et affermie sur de nouvelles bases par la Révolution, le Consulat et l'Empire. De nos jours, elle est à la Prusse, comblant la disproportion qui existait entre sa force réelle, qui était grande, et son rôle dans le monde, qui était mesquin ; rectifiant les bizarreries de ses frontières, et secondée dans cette œuvre prussienne par l'Allemagne mécontente de sa destinée. Invincible a été la France des dernières années de Louis XIII et des premières de Louis XIV. Invincible, l'Angleterre de Guillaume III et des Georges. Invincible la France du

Consulat. Invincible a été jusqu'ici la Prusse de M. de Bismarck. Et la défaite viendra pour la Prusse comme elle est venue pour la France de Napoléon et de Louis XIV, d'abus de la force contre lesquels s'élèvera une force plus grande.

On ne veut pas dire que la justice seule règne en ce monde et que l'issue d'un combat dépende pour les belligérants du principe qu'ils représentent ; mais seulement qu'à de certaines époques il y a dans les grands pays un certain état d'opinions et d'idées favorable à l'éclosion et au développement de la force. La discipline mise dans la noblesse et l'ordre mis dans les finances ont permis à Louvois d'organiser les armées de Louis XIV. La nécessité de défendre les institutions nouvelles contre l'Europe menaçante a fait de l'organisation d'une force considérable une question de vie ou de mort pour la révolution, des généraux les premiers personnages de la république, du plus grand des généraux l'empereur Napoléon. La nécessité de protéger des frontières énormément éloignées l'une de l'autre, comme la Moselle et le Niémen, et entre lesquelles vivaient des États hostiles, comme la Hesse et le Hanovre a fait de la Prusse un État militaire, de l'officier prussien le premier serviteur de l'État, de l'armée l'élite de la nation. Voilà le vrai. Quant aux mensonges oratoires des gens du 4 septembre, l'événement en a fait justice. Il n'y avait que la liberté qui pût vaincre, au dire de M. le philosophe Simon. D'autres attachaient aux institutions parlementaires la certitude de la victoire. Et l'Empereur, désarmé par son parlement, est vaincu par le prince et les ministres qui ont étalé aux yeux du monde un si parfait mépris et des libertés et du parlement.

Toutes ces vérités commencent à se répandre, et un sentiment sur lequel n'avaient point compté les calomniateurs aide singulièrement à leur diffusion. Ils ont oublié que l'Empereur qu'ils ont, au lendemain de la défaite, ignoblement insulté, caricaturé, chansonné; l'empereur dont ils ont crocheté les tiroirs pour y chercher trace de maintes infamies écloses dans leurs cerveaux malsains et dans la bassesse de leurs âmes; l'empereur qu'ils ont représenté fumant sa cigarette sur le champ de bataille de Sedan où il a voulu mourir; l'empereur qu'ils ont accusé, le jugeant à leur mesure, d'avoir emporté des trésors, alors qu'oublieux de lui et de l'incertain avenir, il avait presque jusqu'au dernier sou dépensé en grandes ou en bonnes œuvres les millions de la liste civile; que l'empereur, dis-je, avait, vingt-deux années durant, gouverné la France, et que des millions de Français l'avaient acclamé et servi. L'imprudence était grande. On n'oublie pas en France aussi vite qu'on le croit. Libre à de certains hauts fonctionnaires de s'accommoder de cette théorie que les grades conquis par eux sous l'Empire sont dus à leur seul mérite, à tel général d'oublier que cette grand-croix de la Légion d'honneur lui a été remise par l'empereur, ornée de l'effigie impériale, à tel évêque de ne plus se souvenir qu'après leur avoir offert l'encens aux portes il a précédé dans la nef de sa cathédrale l'Empereur et l'Impératrice marchant sous le dais, au bruit des cloches et des chants. Au-dessous de ce haut monde inconstant, il y a, grâce à Dieu, la foule de ces serviteurs de l'État, dont l'honnêteté scrupuleuse est le privilége de notre pays; il y a la nation tout entière, mobile et constante à la fois, si l'on peut dire, comme l'océan que la tempête agite, mais qui revient dans son lit et se rabaisse à son niveau éternel. Or ceux qui ont servi l'Empire sous la foi du serment, ceux qui ont voté pour l'Empire chaque fois qu'un scrutin a été ouvert devant eux, ont pu être ébranlés par la violence des malheurs et l'audace des mensonges. Au fond du cœur ils prenaient leur part des calomnies; ils se sentaient désignés, accusés, flétris comme complices. Pourtant ils pouvaient se rendre à eux-mêmes ce témoignage, qu'ils n'avaient voulu que le bien de leur pays, et ils étaient portés à croire que ce témoignage l'empereur accusé comme eux, pouvait, aussi bien qu'eux, se le rendre à lui-même. Aussi avec quelle joie ils ont salué les premières lueurs de la vérité! et quelle large trouée ont faite ses rayons à travers tous ces nuages accumulés! En rendant enfin justice à l'Empire, la nation reprend de l'estime pour elle-même; sa conscience se rassure. Les calomniateurs de tribune, de chanson ou de caricature comprendront-ils qu'ils avaient cru insulter un parti et qu'ils ont insulté la France d'hier ? Je le leur souhaite ; car plus les événements font entrer dans les esprits cette conviction qu'à un pays d'esprit monarchique et démocratique comme le nôtre, l'Empire est le seul gouvernement qui puisse convenir, plus il devient manifestement…. maladroit de calomnier à l'avance la France de demain.

IV

LE GROUPE DE L'APPEL AU PEUPLE

J'ai montré la supériorité de notre principe et de
nos procédés de gouvernement ; j'ai fait voir à quel
état d'isolement et d'impuissance nous ont réduits
les hommes qui ont successivement occupé le pouvoir depuis le quatre septembre ; j'ai pris corps à
corps quelques-unes des plus grosses calomnies in-
ventées par les *reptiles*[1] de la presse radicale, et j'en
ai fait bonne et sommaire justice. Il me reste à ap-
précier le rôle du groupe parlementaire qui nous représente officiellement depuis les élections du mois
de février 1871. Ce n'est pas une apologie que j'en-
treprends ici. Plusieurs des membres les plus con-

---

1. C'est ainsi qu'on appelle les journalistes *qui touchent* — ils
sont nombreux, paraît-il, — dans les bureaux du prince-chance-
lier. Le fonds qui leur est affecté prend également leur nom : *le
fonds des reptiles*. Il est, je crois, de 300 000 thalers.

Un curieux rapprochement : les fonds secrets, mis à la disposition de notre ministre des affaires étrangères, s'élèvent à la somme
de 500 000 francs.

sidérables de ce groupe veulent bien m'honorer de leur confiance ou sont mes amis. Ils savent qu'en plus d'une circonstance j'ai regretté leur attitude sans toutefois accuser d'une façon publique notre dissentiment, — car c'est le propre de notre parti qu'une grande indépendance d'opinions s'y allie, chez presque tous, à l'esprit de discipline et de soumission. — J'aurais donc si j'entreprenais d'écrire l'histoire du parti bonapartiste à la Chambre plus d'une réserve à faire. Mais tel n'est pas mon dessein : mes visées sont plus modestes. Je voudrais seulement dégager la pensée dominante dont s'est inspiré le groupe de l'Appel au Peuple, toutes les fois qu'il a été appelé à émettre un vote important. J'aurai beaucoup fait, du moins je le crois — si je parvenais à montrer que, parmi toutes les contradictions et toutes les défaillances où les autres partis sont tombés, la constance de cette pensée ne s'est généralement pas démentie.

Le parti bonapartiste ne pouvait aspirer à jouer un rôle important dans une assemblée qui comptait (au début) une majorité conservatrice de plus de cinq cents membres, et dont un des premiers actes avait été de voter d'acclamation la déchéance de l'Empire. Après avoir énergiquement protesté[1] comme c'était leur devoir, contre un arrêt frappé d'appel dans le temps même qu'il était rendu, les quelques députés

---

[1] On sait avec quel courage le regretté M. Conti s'acquitta de ce soin et quelle énergie M. Gavini sut apporter dans la revendication des droits de la nation.

restés fidèles à la cause vaincue, les Eschassériaux,
les Gavini, les Conti, les Murat, les de Valon devaient
se renfermer dans la réserve et attendre des jours
meilleurs. Parler eût été parfaitement inutile ; on ne
les eût pas écoutés ; ils ne possédaient à cette époque
aucun orateur assez puissant pour dominer une assemblée que la seule apparition d'un des leurs à la
tribune rendait littéralement épileptique. S'agiter
dans les couloirs et chercher à nouer des alliances
d'aventure n'eût pas été digne ; il eût paru qu'on demandait grâce. Ils se tinrent cois[1], bornant leur intervention dans les débats législatifs à de courtes et
vigoureuses interruptions chaque fois que l'Empire
ou l'Empereur étaient mis directement en cause. Chemin faisant ils eurent pourtant plus d'une occasion
de se montrer unis dans une même pensée de conservation sociale et de confondre ceux qui les accu-
saient de pactiser avec l'insurrection. C'est ainsi
qu'on les vit en mars 1871, voter à l'unanimité,
après une courageuse déclaration de M. Haentjens,
la création de bataillons de volontaires destinés à réprimer le désordre, en août et septembre (même
année) se prononcer[2] pour la dissolution des gardes
nationales, et contre le retour de la Chambre à Paris,
etc., etc.

1. A l'exception de MM. de Valon, le jeune et sympathique député,
du Lot, dont on n'a pas oublié la verte réplique à M. Jules Favre
et Haentjens, qui prit souvent la parole avec beaucoup d'à-propos.
2. A l'unanimité encore.

Je ne retrouve pas la même unanimité — la vérité.
m'oblige à le confesser — dans toutes les circon-.
stances et sur toutes les questions. Les scrutins du.
14 avril 1871 sur l'ensemble de la loi municipale;
du 18 août 1871 (conseils généraux) et du 23 août.
(même année) sur le projet de loi conférant à
M. Thiers le titre de président de la République, pour
ne citer que les principaux, révélèrent de fâcheux.
dissentiments parmi nos députés. Tandis que les uns.
fidèles à leur passé conservateur et au principe de la
souveraineté nationale demeuraient fermes dans leur
opposition, d'autres, moins bien inspirés, se laissè-
rent aller à des concessions que l'opinion publique
réclamait peut-être, mais qui n'en furent pas moins.
exploitées contre nous. Je sais qu'ils ont bien des.
circonstances atténuantes à faire valoir, surtout en.
ce qui concerne les discussions du 14 avril et du
18 août. On se rappelle après quels tragiques événements, au milieu de quelles émotions l'Assemblée nationale eut à discuter la loi municipale :
la Commune venait d'éclater et le gouvernement,
après lui avoir abandonné Paris sans résistance,
négociait secrètement avec elle. C'est le temps où.
messieurs les maires de Paris, introduits par la ques-
ture dans la tribune diplomatique, répondaient aux
acclamations de la gauche par le cri plusieurs fois
répété de : Vive la République. Il ne faut pas oublier
non plus qu'à cette époque le parti bonapartiste était
fortement accusé de soudoyer l'insurrection de Paris.

Quoi d'étonnant que dans ces conjonctures, un certain nombre de nos amis aient cru devoir voter une loi qui, dans la pensée de M. Thiers, devait enlever à la Commune son principal grief?

Lors de la discussion du projet de loi relatif à l'organisation du pouvoir exécutif[1], la situation était assurément moins tendue. Toutefois il se peut que des considérations du même genre aient pesé sur les déterminations d'une partie du groupe bonapartiste. Les négociations relatives à l'évacuation anticipée du territoire étaient commencées : M. Thiers passait encore aux yeux de beaucoup de conservateurs pour le seul homme capable de mener à bonne fin cette entreprise. Le patriotismo no commandait-il pas, en pareille occasion, d'accorder au chef du pouvoir le vote de confiance qu'il réclamait, quitte à lui demander ses comptes un peu plus tard. On voit que la situation était délicate et je ne me sens pas, quant à moi, le courage de blâmer avec trop de sévérité une défaillance que des circonstances exceptionnelles rendaient peut-être inévitable[2].

Quoiqu'il en soit, ces tâtonnements trahissaient

---

1. Constitution Rivet.

2. Il convient de rappeler ici les réserves très-significatives énoncées dans un des considérants du projet de loi conférant à M. Thiers le titre de président de la République française : « Considérant qu'un nouveau titre, une appellation plus précise, *sans rien changer au fond des choses*, peut avoir pour effet de mettre mieux en évidence l'intention de l'Assemblée de continuer franchement l'essai loyal commencé à Bordeaux, etc.... »

une indécision à laquelle il devenait urgent de porter
remède. Le groupe bonapartiste manquait d'un *leader* :
les élections du 11 février 1872 le lui donnèrent. On
a beaucoup discuté M. Rouher; peu de personnages
ont été plus exaltés par les uns, plus décriés par les
autres. C'est en effet le propre des hommes supérieurs
de surexciter l'envie quand ils ne forcent pas l'ad-
miration. Mais ce qui est vrai de toutes les supério-
rités, dans quelque genre qu'elles brillent, s'applique
surtout à celles de la politique. Ayant eu la rare fortune d'être associé, durant dix-huit années, à la pensée du souverain, M. Rouher devait nécessairement
rencontrer, au cours de sa longue carrière, d'ardentes
sympathies et de violentes inimitiés. Quand l'Empire
tomba, les premières, certaines du moins, se refroidi-
rent sensiblement, les autres, naturellement, redou-
blèrent, et pendant quelque temps l'ex-ministre d'État
fut le bouc émissaire que chacun chargeait à l'envi de
toutes les iniquités d'Israël. N'a-t-on pas été jusqu'à
le représenter, contrairement à toute vérité[1], comme

1. Je suis en mesure de fournir à cet égard des éclaircissements
qui sont, je crois, inédits, Lorsque l'incident Hohenzollern éclata,
il y avait déjà quelque temps que M. Rouher avait complétement
cessé de voir l'Empereur et de correspondre avec Sa Majesté.
Froissé du rôle effacé que le cabinet Ollivier lui avait assigné,
contrairement au précédent de 1852, lors de la séance dans laquelle
avaient été proclamés les résultats du plébiscite, le président du Sénat avait pris la résolution de se tenir scrupuleusement à l'écart. Il
avait même été jusqu'à remettre sa démission entre les mains de
l'Empereur qui l'avait prié d'en ajourner les effets jusqu'à la fin de
la session. C'est donc à tort qu'on a mêlé M. Rouher aux divers in-
cidents qui ont précédé la fameuse déclaration de M. le duc de Gra-

l'un des conseillers les plus ardents de la guerre de
1870. Ce n'est pas ici le lieu d'établir la part de responsabilité qui revient à chacun dans cet évènement :
cette digression m'entraînerait trop loin. Je n'ai pas
davantage l'intention de faire en passant le portrait
de M. Rouher. Par la grandeur du rôle qu'il a joué,
par l'importance, le nombre et la diversité des affaires qu'il a conduites, par l'universalité de ses ap-
titudes et par la puissance de ses facultés, par ses
dimensions, pour tout dire en un mot, l'ex-ministre
d'État échappe aux règles du genre. D'ailleurs, c'est
comme député seulement qu'il rentre dans mon sujet
et qu'il m'appartient de le juger. Je le ferai d'un mot :

mont. Il n'y eut aucune part ni directe ni indirecte; il ne connut les
résolutions du cabinet qu'après qu'elles eurent été prises, par un entretien tout officieux qu'il eut avec le maréchal Lebœuf. Un détail
tristement piquant : au cours de cet entretien, M. Rouher ayant ex-
primé quelques craintes touchant la situation de l'armée, le maréchal Lebœuf lui répondit avec une grande vivacité : « Nous sommes
prêts, archi-prêts, nous n'avons jamais été plus prêts, si nous
attendions plus longtemps nous serions moins prêts. »
   Autre trait : on se souvient qu'à l'une des séances du Corps
législatif qui précédèrent la déclaration de la guerre, M. Clément
Duvernois avait déposé une interpellation sur la politique extérieure
du cabinet. Consulté sur la forme et la conclusion qu'il convenait
de donner à cette interpellation, M. Rouher répondit que, dans
sa pensée, M. Duvernois ne pouvait mieux faire que de mettre le
cabinet en demeure de proposer à la Prusse le désarmement réci-
proque.
   Voilà comment le président du Sénat poussait à la guerre !
   Mais voici qui est plus probant encore : la guerre déclarée
M. Rouher ne vit pas une seule fois l'Empereur dans l'intimité
avant son départ. Ce fut seulement après nos premiers désastres,
qu'il se décida à faire le voyage de Châlons. (Voir pour le reste sa
déposition devant la Commission d'enquête.)

M. Rouher était le seul homme qui fût de taille à
discipliner le parti bonapartiste, en même temps que
le seul orateur assez puissant pour dominer la Chambre et porter à la tribune nos légitimes revendica-
tions : à ce double titre, la première place lui revenait de droit et personne ne la lui disputa.

C'était certes un heureux évènement que cette ren-
trée sur la scène parlementaire du confident, de
l'ami de Napoléon III. Toutefois, il ne parut pas tout
d'abord que l'autorité du groupe de l'appel au peuple en fût très-rehaussée. M. Rouher apportait son
talent, son éloquence ; il n'apportait malheureusement pas le nombre, et tous ses efforts seraient demeurés impuissants, — je dois à la vérité d'en
convenir, — s'ils n'avaient été secondés par les circonstances et par les fautes qu'on sait. Grâce à ces
fautes, grâce surtout à la politique dissolvante suivie
par M. Thiers, il vint un jour où le groupe de l'Appel au peuple se trouva tout à coup dans une
situation prépondérante, sollicité par ceux-ci, prié
par ceux-là, pouvant à son gré faire pencher la
balance en faveur de la République, ou lui porter,
dans la personne de son chef, un coup décisif;
en tout cas plus d'à moitié vengé des humiliations
dont on l'abreuvait depuis deux ans par l'empres-
sement qu'on mit, des deux parts, à rechercher son
alliance.

Le 24 mai 1873 marque une date fameuse dans
notre histoire. Dans cette journée mémorable où les

conservateurs, unis pour un commun effort, donnèrent l'assaut à la République, le groupe de l'Appel
au peuple eut l'honneur de décider du succès : on
peut dire que c'est lui qui a porté bas M. Thiers et si le
maréchal de Mac-Mahon est aujourd'hui président de
la république, il ne doit pas seulement cette haute
situation à sa loyauté ; nous y sommes pour une part
que je ne veux pas exagérer, mais que je tiens à
constater en passant.

Cette intervention fut-elle heureuse? On l'a con-
testé: pas dans le moment, mais un peu plus tard,
lorsque trahi par ses alliés, le groupe de l'Appel au
peuple dut se rejeter dans l'opposition et parut ainsi
perdre tout le terrain précédemment conquis. On a
dit que nous avions *manqué d'esprit,* — le mot est
de M. Léon Renault, — le jour où, sans nous préoc-
cuper du danger qui devait en résulter pour nos
espérances, nous nous étions joints à la droite afin
de substituer un gouvernement d'ordre moral à un
régime anarchique; et tous les petits Machiavels
de rencontre, que la révolution du 4 septembre
a fait surgir, sourient encore à la pensée du bon
tour qu'ils nous ont joué en nous faisant tirer du
feu les marrons qu'ils devaient croquer. On a
triomphé de ce qu'on n'a pas craint d'appeler notre
simplicité; que dis-je? on s'est vanté, comme
d'une belle action, de nous avoir attirés dans un
traquenard et séduits par de fausses promesses! Le
sarcasme est dur; toutefois le groupe de l'Appel au

peuple aurait tort d'y répondre autrement que par le dédain. Que les profonds politiques qui ont dirigé, depuis dix-huit mois, les affaires de la Monarchie s'enorgueillissent de leur œuvre, c'est leur affaire; qu'ils ne soient pas encore dégoûtés de toutes les petites intrigues qu'ils ont nouées, et de tous les imbroglios qu'ils ont vainement machinés, cela ne prouve qu'une chose, c'est qu'ils ont l'écœurement difficile; il n'en suit pas que nous ayons commis, en renversant M. Thiers, une faute que nous devions regretter.

D'ailleurs, le 24 mai n'eût-il eu d'autre conséquence que de faire arriver au pouvoir une nouvelle couche politique, il faudrait encore se féliciter d'y avoir contribué. Il était bon que la France fût mise en situation de prendre la mesure des hommes qui sont actuellement aux affaires; il importait que l'expérience fût complète et que le cycle fût parcouru tout entier : après les républicains de doctrine, les républicains de raison et de situation; après ceux-ci, les parlementaires. Rien n'était plus propre à nous rehausser dans l'opinion publique que ce défilé de toutes les médiocrités et de toutes les impuissances dont se composait, à très-peu d'exceptions près, le personnel des anciens partis. Aujourd'hui, l'Union libérale est toisée : il est prouvé que la plupart des hommes qui en faisaient partie n'avaient pas la taille et que le jour où le conseil de révision s'assemblera ils devront être réformés. C'est de quoi nous consoler de notre indigence et nous rendre patients.

Mais ce n'est pas seulement par des considérations de cet ordre que la conduite du groupe de l'*Appel au peuple* dans la journée du 24 mai doit être défendue. Elle s'explique et se justifie par des raisons plus générales et plus hautes. J'ai dit que l'Empire devait être envisagé sous deux aspects, et correspondre au double instinct autoritaire et démocratique dont est fait le tempérament de ce pays. Cela étant, le rôle parlementaire du groupe de l'Appel au peuple était tout tracé. Il avait le double devoir de s'unir alternativement aux monarchistes pour faire échec à la république et aux républicains pour empêcher les monarchistes d'usurper la souveraineté. Conservateur, il devait s'associer aux efforts des uns contre la révolution; gardien des droits de la nation, il lui appartenait de s'opposer à toutes les entreprises dirigées par les autres contre le suffrage universel.

C'est ainsi qu'après avoir exécuté M. Thiers lorsqu'il voulut fonder la république sur une intrigue parlementaire, le groupe de l'Appel au peuple n'hésita pas à se déclarer, le 16 mai dernier, contre la mise à l'ordre du jour du projet de loi électorale déposé par M. le duc de Broglie. C'est ainsi qu'il a repoussé à l'unanimité la proposition Casimir Périer, et voté la dissolution; enfin, c'est ainsi que malgré toute la confiance dont l'illustre maréchal de Mac-Mahon est assurément digne, il vient d'aider au renversement du cabinet Chabaud-Latour, et se dispose à rejeter les lois constitutionnelles sous quelque forme qu'elles se présentent.

Il y a dans tous ces votes une logique rigoureuse : plaçant la souveraineté dans le pays, les bonapartistes ne pouvaient ni reconnaître à l'Assemblée le pouvoir constituant, ni permettre que sous prétexte de conservation on mutilât le suffrage universel. Ils se sont toujours montrés prêts à s'unir au gouvernement et à faire cause commune avec la majorité pour combattre le bon combat contre la révolution ; mais en même temps résolus à défendre leur drapeau qui est celui de la souveraineté nationale. Ils voulaient bien apporter un concours empressé dans toutes les questions qui intéressent l'ordre social, la grandeur et la prospérité de ce pays ; ils étaient, ils sont encore prêts à toutes les concessions raisonnables ; ils ne sont pas bien exigeants ; ils ne demandent qu'une chose : la neutralité électorale ; ils n'iront jamais jusqu'à faire le sacrifice de leurs doctrines les plus chères. Bref, ils peuvent consentir un ajournement, ils n'ont pas le droit de signer une abdication.

Tels sont les principes dont s'est constamment inspiré le groupe de l'Appel au peuple. Au début ils ont guidé ses pas, et lui ont donné la force nécessaire pour résister à l'assaut des partis coalisés contre lui ; plus tard ils lui ont permis de prendre à son tour l'offensive. C'est ainsi que dans une circonstance récente, M. Rouher a pu faire tomber du haut de la tribune ces paroles écrasantes : « Mais la nation, vous n'avez sans doute pas la prétention d'avoir proclamé sa déchéance! » Je reste sur ce mot : il me semble qu'il clôt assez bien les observations qui précèdent, et qu'il marque exactement le niveau qu'ont atteint les eaux bonapartistes et dans le parlement et dans le pays. Il y a quatre ans, c'est à peine si le groupe de l'Appel au peuple pouvait parler en son nom ; aujourd'hui c'est au nom du pays qu'il monte à la tribune et qu'il oppose audacieusement à la théorie de la souveraineté des assemblées le dogme supérieur de la souveraineté du peuple.

CONCLUSION.

J'ai fini, non que j'aie épuisé mon sujet; je n'ai pas cette prétention. J'ai simplement essayé de tracer à grands traits un tableau qui fût aussi vivant que possible. D'autres ont dit comment les dogmes finissent : j'ai voulu montrer comment les empires reviennent.

Sur ma route j'ai rencontré les anciens partis et je leur ai demandé ce qu'ils avaient fait de la France. J'ai interrogé leurs actes, et je n'y ai vu qu'impuissance et mensonge.

Impuissance! Depuis quatre ans qu'ils se disputent la possession du *noble blessé*, et que, sous prétexte de le sauver, ils le prennent pour sujet de leurs expériences, il n'est pas une de leurs combinaisons qui n'ait échoué; pas une de leurs intrigues qui n'ait tourné à leur confusion; pas un de leurs calculs qui n'ait été déjoué. La France a successivement passé par la République jacobine de M. Gambetta, par l'essai peu loyal de la prétendue République conservatrice de M. Thiers, et par le Gouvernement d'ordre soi-disant moral inauguré le 24 mai. Elle s'est traînée de dictature en république, de république en fusion, de fusion en septennat, de septennat personnel en septennat impersonnel ; présentement, elle tourne dans le cercle vicieux d'une conjonction sans issue. Et ce n'est pas fini : elle est condamnée, pour six ans encore, à l'incertitude, avec l'inconnu pour toute perspective.

Je prétends qu'en outre ils nous ont trompés. Voici :

M. le général Trochu avait dit : le gouverneur de Paris ne capitulera pas. Mensonge.

M. Jules Favre avait dit : Pas un pouce de notre territoire, pas une pierre de nos forteresses. Mensonge.

M. Thiers avait inventé le pacte de Bordeaux et juré de respecter la trève des partis. Mensonge.

Les royalistes avaient dit le 24 mai *que la forme du gouvernement n'était pas en discussion*[1] : au lendemain de leur victoire, leurs ambassadeurs partaient pour Frohsdorf et l'audacieuse campagne de restauration monarchique commençait. Mensonge.

Tous enfin, nous avaient promis les *libertés nécessaires*. Mensonge. Leur opposition libérale était une carrière, leur puritanisme doctrinaire, un masque,

____

1. L'ordre du jour Ernoul, dont l'adoption par l'Assemblée nationale par 360 voix contre 344 amena la retraite de M. Thiers, disait expressément : « *L'Assemblée nationale, considérant que la forme du gouvernement n'est pas en discussion...* »

leur rhétorique ampoulée, du son. Des mots ! rien que des mots ! Des formules ; rien dessous. Pas une idée propre ; pas une conception originale. Ceux-ci se traînent dans l'ornière de 1848 ; ceux-là en sont encore à 1830 ; les uns et les autres ont été nos plagiaires.

A Dieu ne plaise que je triomphe de ces choses. Si le patriotisme ne me l'interdisait, j'en serais empêché par un sentiment de justice qui fera taire en moi tout orgueil de parti, jusqu'au jour où la France aura repris sa place en Europe. Nous avons commis des fautes, assumé de redoutables responsabilités ; nous n'avons pas su dissoudre en temps utile, après 1866 une Chambre qui nous paralysait par sa force d'inertie ; enfin nous sommes des vaincus ; c'est pourquoi nous devons être modestes. Que si j'ai mis quelque chaleur au récit qu'on vient de lire, et quelque sévérité dans mes jugements, j'ai du moins, tâché de n'être blessant pour personne. Que d'autres se réjouissent de l'impuissance où se consument nos adversaires, et de l'état humiliant où leur incapacité nous a réduits ! Je vise plus haut : *Excelsius !* Ce n'est pas une pensée de colère qui m'anime ; c'est une pensée de conciliation et de concorde. Je ne veux tirer de tout ce qui précède qu'une conclusion : c'est qu'après l'expérience des quatre dernières années, les anciens partis ne doivent plus avoir d'objection contre l'Empire. Rien ne rend équitable comme l'exercice du pouvoir ; rien ne vaut la pratique des affaires pour dissiper les décevantes illusions dont se nourrissent généralement les oppositions. Les chefs des anciens partis ont tour à tour occupé le pouvoir; dans quelles conditions? on le sait! Ils pouvaient se donner carrière; toutes les audaces leur étaient permises, et l'on eût battu des deux mains à toutes les réformes qu'ils eussent faites. Or, non-seulement ils n'ont accompli aucune des grandes réformes qu'ils avaient annoncées, mais ils nous ont emprunté tous nos procédés de gouvernement. Non-seulement ils nous les ont empruntés, mais ils les ont dénaturés sans nécessité, et, ce qui est plus grave, sans profit, ni pour eux, ni pour le pays. Dès lors, à quoi se réduit leur opposition? Évidemment elle a cessé d'être doctrinale; elle ne repose plus, comme elle en avait la prétention, sur des incompatibilités de principe; elle se fonde, chez tous ceux que la haine n'aveugle pas, sur la crainte.

Je m'explique : il y a malheureusement aux abords de notre parti quelques hommes intempérants qui semblent s'être donné pour mission *d'effrayer le bourgeois*, comme on dit vulgairement. Ils sont en nombre infime, mais ils font du bruit comme s'ils étaient une armée. On n'entend qu'eux, on ne voit qu'eux : ils vont partout faisant des mines, prenant des poses et proférant des menaces. Ils en ont tant dit et tant fait, ces croquemitaines, qu'ils ont fini par persuader à beaucoup de gens que la quatrième restauration serait le signal d'une sorte de

terreur. Grâce à leurs sottes divagations l'Empire se
dresse comme une menace, au lieu d'apparaître comme
un régime de mansuétude et de sécurité.

La vérité, c'est que tous ceux qui ont autorité
pour engager l'avenir, n'ont cessé de protester
contre toute pensée de représailles et de vengeance.
L'Empire est tombé dans un jour d'affolement et de
surprise. Il revient par l'effort persévérant et réfléchi
de la volonté populaire. Il revient parce qu'il est le
seul régime qui puisse garantir l'ordre social sans
comprimer la démocratie. Il revient parce que la
France a trop de bon sens pour se laisser mourir de
consomption parlementaire entre les mains d'abs-
tracteurs de quintessence. Mais ceux qui se flattent
qu'il s'imposerait par le despotisme et par la pros-
cription de ses adversaires se méprennent étrange-
ment. L'Empire restauré mettra son honneur à rallier les classes dirigeantes; il comprendra qu'il ne
saurait être fort et durable, ayant déjà le peuple,
qu'en forçant le suffrage de la bourgeoisie. Le temps
n'est plus où le tiers-état devait être tout; mais ce
serait une grande faute de le réduire à n'être rien....
qu'un foyer d'opposition. Et cette faute le troisième
Empire ne la commettra pas. Il gouvernera, suivant
le mot de notre *leader*, avec fermeté mais avec modération. Il ne proscrira personne; la république a
laissé rentrer en France les princes d'Orléans : ils
y sont, qu'ils y restent. L'Empire ne serait pas,
comme on l'a dit, une petite chapelle : « mais une

grande église, largement ouverte à tous ceux qui voudront entrer, accessible à toutes les capacités, à toutes les énergies, une église vaste comme la place de la Concorde et digne d'en porter le nom[1]. »

Il est temps que nous proclamions ces choses : c'est le vœu de notre Prince dont les premières paroles officielles ont été des paroles de modération. Étranger aux divisions et aux responsabilités du passé, le fils de Napoléon III ne veut pas régner sur une coterie; il régnerait sur un grand parti national *sans vainqueurs ni vaincus*[2], dans lequel viendrait se fondre tout ce que les autres partis, désarmés par la libre manifestation des vœux du pays, comptent d'hommes de bonne foi et de bonne volonté.

1. Voir, dans la *Liberté* du 28 juin 1874, la traduction d'une conversation de M. Rouher avec le correspondant du *Daily Telegraph*.
2. Discours du 16 mars.

APPENDICE.

N° 1.

PIÈCES RELATIVES A L'ARRESTATION DE M. ROUHER.

CIRCULAIRE DU CHEF DU POUVOIR EXÉCUTIF AUX PRÉFETS, SOUS-PRÉFETS, PROCUREURS GÉNÉRAUX, PROCUREURS DE LA RÉPUBLIQUE ET GÉNÉRAUX DE DIVISIONS TERRITORIALES.

Versailles, 22 mars, 7 h. 40 m. du matin.

L'ordre se maintient partout et tend même à se rétablir à Paris, où les honnêtes gens ont fait hier une manifestation des plus significatives.

A Versailles, la tranquillité est complète. L'Assemblée, dans la séance d'hier, a voté à l'unanimité une proclamation digne et ferme et s'est associée au gouvernement dans l'attitude prise à l'égard de la ville de Paris. Une discussion fort animée a contribuée à resserrer l'union entre l'Assemblée et le pouvoir exécutif.

L'armée réorganisée et campée autour de Versailles montre les plus fermes dispositions, et de toutes parts on offre au gouvernement de la république des bataillons de mobiles pour le soutenir contre l'anarchie s'il pouvait en avoir besoin. Les bons citoyens peuvent donc se rassurer et prendre confiance.

A Boulogne, M. Rouher, DÉCOUVERT AVEC UNE CAISSE DE PAPIERS SCELLÉS, a couru les plus grands dangers et aurait été en péril sans l'énergie du sous-préfet de Boulogne et du préfet d'Arras. Il est provisoirement détenu à Arras, au grand regret du gouvernement, qui ne songe pas le moins du monde à se livrer à aucun acte de rigueur. *Les frères Chevreau et M. Boitelle, qui l'accompagnaient,* SONT RETOURNÉS EN ANGLETERRE.

Tous les chefs de l'armée qui rentrent viennent offrir leur épée au gouvernement. Le maréchal Canrobert, se joignant à tous les autres, a fait auprès du président du conseil une démarche des plus dignes et qui a reçu l'accueil qu'elle méritait.

L'adhésion est donc unanime, et tous les bons Français se réunissent pour sauver le pays, qu'ils réussiront certainement à sauver.

A. THIERS.

N° 2.

PROTESTATION DE M. ROUHER.

Bruxelles, 25 mars.

MONSIEUR,

Les lois qui garantissent la liberté individuelle de chaque citoyen français ont été violées en ma personne; je vous prie d'insérer ma protestation dans les colonnes de votre journal.

Je ne veux pas, à l'heure présente, exposer les faits qui ont précédé, acompagné ou suivi mon arrestation; je ne veux pas davantage raconter les violences que j'ai subies. Je ne rends pas responsable des scènes sauvages de lundi dernier la population honnête et loyale de la ville de Boulogne.

Je sais que les misérables qui se sont rués sur moi étaient
étrangers à la cité ou la lie de la populace; ils ignoraient
même mon nom car, en m'outrageant ou en me frappant,
ils me donnaient celui d'un général français. Je veux signa-
ler aujourd'hui les motifs réels qui ont amené mon arrestation.

La cause directe de l'acte arbitraire et violent dont j'ai été
victime est la calomnie officielle, insérée dans une proclamation du gouvernement, par laquelle les impérialistes sont
accusés d'une participation à l'abominable insurrection qui
ensanglante Paris. On a espéré donner quelque consistance
à ce mensonge, en emprisonant un ancien ministre de l'empire.

Ce calcul ne peut exciter que l'indignation et le mépris.

Les hommes qui viennent d'organiser la terreur dans la
capitale de mon malheureux pays, ce sont ceux-là même qui
ont institué, par l'émeute, le gouvernement du 4 septembre.

Le 18 mars n'est que le développement de cette première
rébellion. Les Parisiens voient aujourd'hui les terribles con-
séquences qu'entraîne le renversement d'un gouvernement
régulier.

Les paroles de M. Jules Favre à l'Assemblée nationale
sont insensées ou perverses. Les impérialistes font des vœux
ardents pour que le gouvernement de Versailles triomhpe
de la démagogie; ils méprisent et maudissent, avec la France
entière, cette plèbe ignoble qui fait succéder aux cruelles
douleurs de la guerre avec l'étranger, les horreurs de la
guerre civile

Dans une circulaire que je lis à l'instant M. Thiers prétend
que j'ai été découvert à Boulogne, et que les mesures prises
contre moi ont été motivées, soit par mon arrivée dans cette
ville en compagnie de M. Chevreau et de M. Boitelle, soit
par la possession d'une caisse de papiers mystérieusement
scellée.

Voici la vérité sur ces allégations : Je n'ai point été découvert à Boulogne; j'y étais arrivé depuis cinq jours. J'étais
inscrit sous mon nom à l'hôtel et porteur d'un passe-port
délivré huit jours avant à Londres par le consul général de

France. Mon séjour dans la ville était ostensible et n'était ignoré ni des autorités ni des habitants.

MM. Chevreau ont passé avec moi, en Angleterre, une partie de ces six derniers mois, pendant lesquels j'ai appris à les estimer et les aimer chaque jour davantage. L'un d'eux est revenu en France par le même paquebot que moi; n'est-il pas naturel que nous ayons repris ensemble la route de la patrie?

Il est matériellement inexact que M. Boitelle fût à Boulogne; il y aurait été, que l'accusation n'en serait pas moins puérile.

Quant à mes papiers, ils étaient contenus dans une caisse en bois blanc, avec des effets de voyage.

Ce sceau mystérieux, qui paraît avoir excité la défiance du président du conseil, et qu'il signale à la France, est tout simplement le cachet apposé par M. le sous-préfet de Boulogne sur la caisse, au moment où il en a fait la saisie, hors de ma présence.

M. Thiers a envoyé à Arras un délégué spécial pour examiner ces papiers. Ce délégué a, par un télégramme détaillé, rendu compte au président du conseil de ses investigations. A-t-on trouvé une ligne, un mot qui puisse servir de prétexte à incriminer ma conduite ou mes sentiments? Non. Arrestation, emprisonnement, recherches, toutes ces mauvaises actions n'ont abouti qu'à l'impuissance et à la confusion; et cependant le président du conseil a expédié au préfet d'Arras la dépêche suivante :

« Elargissez M. Rouher; envoyez-le hors de France, en lui demandant sa parole d'honneur qu'il ne prendra aucune part aux troubles actuels. Choisissez, d'accord avec lui, le chemin qui lui fera courir le moins de périls.

Me demander ma parole d'honneur que je ne prendrai aucune part aux troubles actuels! En vérité, c'est une chose honteuse! Quel succès se promet-on de cette manœuvre perfide et coupable, qui déverse la calomnie sur un parti innocent?

Que M. Thiers cesse de recourir à ces pitoyables expédients, qu'il laisse au Comité de l'Hôtel de ville le soin de nous déclarer suspects, celui-ci est dans son rôle. Toute équivoque est impossible : le drapeau des insurgés de Paris est connu de tous; c'est celui du socialisme et de la terreur; c'est l'infâme drapeau rouge! Louvoyer et transiger avec ces hommes, c'est perdre le pays. L'énergie peut seule assurer le salut. Les honnêtes gens sont prêts à combattre. Pour mes amis et pour moi, notre suprême douleur est de ne pas partager en ce moment les périls que courent les bons citoyens.

Signé : E. ROUHER.

OPINION DES PRINCIPAUX JOURNAUX DE PARIS

SUR LA SITUATION FAITE AU PARTI BONAPARTISTE PAR LA MORT DE L'EMPEREUR.

JOURNAUX RÉPUBLICAINS :

L'Empire, c'est l'Empereur, disait un jour ici un de nos amis et maîtres, M. Saint-Marc Girardin. Il n'y a pas d'autres institutions que lui. C'est donc l'Empire aujourd'hui qui est mort et enseveli sans rien laisser, hélas! après lui que nos ruines. Maintenant du moins l'Empire, c'est la paix — la paix du tombeau.

(Débats.)

..... Insensible à sa chute et aux malheurs de la France, affligé peut-être de la voir se relever sans lui; Napoléon III est mort sans doute plein de chimères et d'espérances. Il ne faut pas douter que ces chimères ne tâchent à lui survivre· Mais cela n'importe pas. Ce qui importe, c'est que la France soit à jamais guérie de la folie bonapartiste, et elle a certes payé sa guérison assez cher pour se garder de toute rechute. Elle saura donc à l'avenir se préserver des sauveurs et des fatalistes; elle n'abdiquera plus, elle ne se courbera plus sous la servitude. La conséquence inévitable de la mort de Napoléon III, sera d'ailleurs d'enlever toute cohésion à son parti que son nom seul tenait ensemble. Tant qu'il vivait on pouvait s'attendre à une tentative contre les lois, à quelque nouvelle édition de Strasbourg ou de Boulogne. Cette eventualité a disparu, car l'ex-Empereur ne laisse après lui que des influences dissolvantes.

(Temps.)

Le parti bonapartiste a vécu; il n'y a plus de parti bonapartiste.

(République française.)

Il n'y a plus en France, il ne peut plus y avoir de part bonapartiste.

Il est un fait indéniable, c'est que la mort a rompu le contrat qu'on prétendait exister entre le peuple français et Louis Bonaparte, c'est que l'Empire était un homme et que l'homme n'existe plus.

(XIXᵉ siècle.)

La France que Napoléon III a blessé et démembrée en reviendra. Mais ce qui est bien mort, c'est l'Empire. La légende napoléonienne est bien finie; on revient de Sainte-Hélène, on ne revient pas de Sedan.

(Rappel.)

L'Empire maintenant n'est plus qu'un souvenir. Un jour, dans une leçon publique, M. Saint-Marc Girardin (qui n'en faillit pas moins devenir plus tard sénateur de l'Empire), expliquait un passage d'une tragédie, lorsqu'il arriva et s'arrêta à ce vers :

L'Empire est quelque chose, et l'Empereur n'est rien.

Messieurs interrompit alors le professeur, ne pourrait-on pas dire avec plus de vérité encore; mais en prose : « L'Empereur est quelque chose et l'Empire n'est rien. »

M. Saint-Marc Girardin avait raison. L'Empereur était la clef de voûte d'un système qui devait s'écrouler après lui. Ce n'est pas seulement Napoléon III qui gît à cette heure glacé, et sans vie dans la tombé de Chislehurst, c'est l'Empire.

(A. CLARETIE.)

(Histoire de la Révolu ion de 1870)

JOURNAUX ORLÉANISTES.

Les bonapartistes ne semblent pas comprendre l'accord de respect et de silence que tous les honnêtes gens, à quelque parti qu'ils appartiennent, étaient disposés à conclure pour suspendre, pendant quelques jours, le jugement que l'opinion publique doit nécessairement prononcer sur Napoléon III. Il y avait là, comme un ajournement momentané consenti devant la mort. Troublant cette trève, les bonapartistes expriment et affichent une espérance hardie dans le rétablissement de l'Empire. L'éclat de cette démonstration ne trompera personne, elle ne pourra rien restituer à une cause absolument perdue.

(Français.)

8

JOURNAUX LÉGITIMISTES.

L'autorité est quelque chose de supérieur à la force ; ni les coups d'aventure, ni les hasards de scrutin ne font l'autorité ; c'est ce que les hommes politiques doivent savoir désormais. L'*Empire mort*, c'est une marque de plus de l'instabilité de pouvoir qui n'est qu'un produit de l'artifice, de l'expédient, ou même du nombre. Si un plébiscite suffisait à faire un pouvoir, rien n'aurait manqué à l'Empire, mais le pouvoir ce n'est pas le nombre, c'est le droit qui le constitue et qui le fait vivre.

(Union.)

Napoléon est mort et son fils n'est encore qu'un enfant. Le parti n'a plus de chef, plus d'homme qui puisse faire un coup de force et dans la force duquel on puisse croire. Par conséquent il n'y a plus d'Empire. Dans huit ou dix ans, l'orphelin de Chislehurst sera un embarras, peut-être un péril, pour le gouvernement établi ; aujourd'hui il ne compte point.

(Univers.)

JOURNAUX ANGLAIS.

L'impérialisme périra nécessairement et d'une manière si complète avec l'homme qu'en fut l'auteur, que l'intérêt qu'on prend à sa carrière, deviendra bien vite historique plutôt que politique.

(Saturday-Review.)

Le parti bonapartiste n'a plus de tête et la mort de l'Empereur est une catastrophe pour lui....

Quelques partisans isolés de la dynastie voudront peut-être transférer leur culte au fils de l'Empereur.... Mais le gros de la fraction impérialiste, ceux qui aiment le gouvernement personnel, ceux qu'entraînent l'amour de l'ordre prétorien, où l'intérêt personnel, seront fort embarrassés et ne trouveront pas facilement de successeurs à Napoléon III.... Le parti impérialiste est dispersé.

(Spectator.)

N° 3.

Le ministre de la guerre avait adressé, à la date du 12 janvier, et en vue des obsèques de Napoléon III, la lettre suivante au maréchal Mac-Mahon, alors commandant en chef de l'armée de Versailles :

Versailles, 12 janvier.

MONSIEUR LE MARÉCHAL,

J'ai reçu plusieurs demandes d'officiers de différents grades, qui sollicitent l'autorisation de se rendre en Angleterre, pour assister aux obsèques de l'Empereur Napoléon III.

J'ai dû en rejeter quelques-unes, le gouvernement ayant décidé qu'une semblable autorisation ne peut être accordée aux officiers exerçant un commandement ou employés avec des troupes.

Cette mesure, dont la sagesse ne vous échappera pas, ne comporte aucune exception et vous indique quelles sont celles de ces demandes que vous pouvez me transmettre.

Le mot d'ordre de la presse bonapartiste paraît être de proclamer l'impératrice comme régente, et le prince impérial comme le successeur légitime de son père.

Elle semble projeter, en outre, de faire signer des adresses dans ce sens. Il est bien entendu que, sous aucun prétexte, l'autorité militaire ne doit tolérer que ces adresses soient colportées dans les camps et les casernes. La surveillance la plus active devra être exercée pour empêcher que l'armée ne s'associe à ces manifestations politiques, et ceux qui, oublieux de leur devoir de soldat, en seraient les instigateurs, devront être punis avec la dernière sévérité.

Le gouvernement comprend et respecte les sentiments de reconnaissance et d'affection qu'un certain nombre d'officiers ont pu conserver pour la famille impériale. Il ne blâmera certainement pas ceux d'entre eux qui, à l'occasion de la mort de l'empereur, croiront devoir adresser à l'impératrice, individuellement et par lettres, des témoignages de respectueuse sympathie.

Cette démarche ne peut qu'honorer leurs auteurs, et j'ai l'assurance qu'elle se conciliera, chez eux, avec les obligations que le devoir leur impose envers le gouvernement légal, seul reconnu par la France, car les hommes de cœur sont toujours les hommes de devoir.

Mais vous comprendrez aussi que, si je peux permettre certains témoignages individuels et isolés, je ne dois pas souffrir que l'armée sorte de son rôle purement militaire, et se mêle à des agitations pleines de dangers pour l'esprit de discipline et pour le repos du pays.

Je vous prie, monsieur le maréchal, de vouloir bien prendre, comme règle de conduite, les prescriptions contenues dans cette lettre, et de m'en accuser réception.

DE CISSEY.

N° 4.

CIRCULAIRE DE M. LE DUC DE BROGLIE

RELATIVE A LA MANIFESTATION DU 16 MARS.

Le 19 février, M. le vice-président du conseil, ministre de l'intérieur, adressait aux préfets une circulaire[1] dans laquelle il leur disait :

La démarche dont le projet est aujourd'hui annoncé au public se présente avec un caractère politique qu'il serait difficile de méconnaître. Le choix qui a été fait pour une manifestation solennelle du jour où le fils du dernier empereur entre dans sa dix-neuvième année a été dicté, on peut le croire du moins, par la pensée que la constitution impériale fixait à cette même date l'âge de la majorité du souverain. On est donc induit à y voir une reconnaissance indirecte du droit qu'aurait le prince impérial de régner sur la France en vertu de cette constitution, et une protestation contre les décisions contraires de l'Assemblée nationale.

Chargé d'exécuter les volontés de l'Assemblée nationale, le gouvernement ne saurait permettre, vous le comprenez, aucune manifestation qui pût porter atteinte au respect qui est dû à tous ses décrets.

Vous devrez donc, etc.

---

1. On sait qu'en vertu de ces instructions, aucun maire ne put se rendre à Chislehurst sans s'exposer à être révoqué.

N° 5.

LES MINISTRES DEPUIS LE QUATRE SEPTEMBRE.

Pour la vice-présidence du conseil, nous avons eu :

Jules Favre, nommé le 4 septembre 1870 ; resta au pouvoir pendant 5 mois et 15 jours.

Dufaure, le 2 septembre 1871 ; resta 1 an 8 mois et 22 jours.

De Broglie, le 26 mai 1873 ; a duré 11 mois et 20 jours.

De Cissey. — 22 mai 1874.

AFFAIRES ÉTRANGÈRES.

Jules Favre. — 4 septembre 1870. (Durée : 10 mois et 28 jours).

Ch. de Rémusat. — 2 août 1871. (1 an 9 mois et 22 jours).

De Broglie. — 25 mai 1873. (5 mois et 29 jours).

Duc Decazes. — 27 novembre 1873.

INTÉRIEUR.

Gambetta. — 4 septembre 1870. (5 mois et 2 jours.)

Jules Favre (intérim). — 10 octobre 1870. (3 mois et 21 jours.)

Hérold (intérim). — 1ᵉʳ février 1871. (10 jours.)

Crémieux, délégué à Tours. — 14 septembre 1871. (26 jours.)

Emmanuel Arago. — 6 février 1871. (13 jours.)

Ernest Picard. — 19 février 1871. (3 mois et 17 jours.)

Lambrecht. — 5 juin 1871. (4 mois et 3 jours.)

Casimir Périer. — 11 octobre 1871. (3 mois et 22 jours.)
Victor Lefranc. — 6 février 1872. (9 mois et 24 jours.)
De Rémusat (intérim). — 30 novembre 1872. (7 jours.)
De Goulard. — 7 décembre 1872. (5 mois et 10 jours.)
Casimir Périer. — 19 mai 1873. (6 jours.)
Beulé. — 25 mai 1873. (5 mois et 20 jours.)
De Broglie. — 27 novembre 1873. (5 mois et 19 jours.
De Fourtou. — 22 mai 1874.
Chabaud-Latour. — 21 juillet 1874.

GUERRE.

Général Le Flô. — 4 septembre 1870. (9 mois et 1 jour.)
Fourichon, délégué. — 14 septembre 1870 (26 jours.)
Gambetta, à Tours. — 10 octobre 1870. (3 mois et 20 jours.)
Général de Cissey. — 5 juin 1871. (1 an 11 mois et 19 jours.)
Général du Barail. — 25 mai 1873. (11 mois et 21 jours.)
De Cissey. — 22 mai 1874.

MARINE.

Amiral Fourichon. — 4 septembre 1870. (5 mois et 15 jours.)
Amiral de Dompierre d'Hornoy. — 5 septembre 1870. (5 mois et 14 jours).
Amiral Pothuau. — 19 février 1871. (2 ans 3 mois et 5 jours.)
Amiral de Dompierre d'Hornoy. — 25 mai 1873. (11 mois et 21 jours.)
Amiral Montagnac. — 22 mai 1874.

JUSTICE.

Crémieux. — 4 septembre 1870. (5 mois et 15 jours.)
Dufaure. — 17 février 1871. (2 ans 3 mois et 5 jours.)
Ernoul. — 25 mai 1873. (5 mois et 29 jours.)
Depeyre. — 27 novembre 1873. (5 mois et 12 jours.)
Tailhand. — 22 mai 1874.

FINANCES.

Ernest Picard. — 4 septembre 1870. (5 mois et 15 jours.)
Pouyer-Quertier. — 21 février 1871. (1 an et 12 jours.)
De Goulard (intérim). — 5 mars 1872. (1 mois et 18 jours.)
De Goulard. — 22 avril 1872, (7 mois et 15 jours.)
Léon Say. — 7 décembre 1872. (5 mois et 15 jours.)
Magne. — 25 mai 1873. (11 mois et 21 jours.)
Mathieu-Bodet. — 21 juillet 1874.

INSTRUCTION PUBLIQUE.

Jules Simon. — 4 septembre 1870. (2 ans 8 mois et
13 jours.)
Waddington. — 19 mai 1873. (5 jours.)
Batbie. — 25 mai 1873. (5 mois et 29 jours.)
De Fourtou. — 27 novembre 1873. (5 mois et 19 jours).
De Cumont. — 22 mai 1874.

TRAVAUX PUBLICS.

Dorian. — 4 septembre 1870 (5 mois et 15 jours)

De Larcy. — 19 février 1871. (1 an 4 mois et 8 jours.)

Teisserenc de Bort (intérim). — 27 juin 1872. (5 mois et 10 jours.)

De Fourtou. — 7 décembre 1872. (6 mois et 15 jours.)

Bérenger. — 19 mai 1873. (5 jours.)

Deseilligny. — 25 mai 1873. (5 mois et 29 jours.)

De Larcy. — 27 novembre 1873. (5 mois et 19 jours.)

Caillaux. — 22 mai 1874.

AGRICULTURE ET COMMERCE.

Magnin. — 4 septembre 1870. (5 mois et 15 jours.)

Lambrecht. — 19 février 1873. (3 mois et 15 jours.)

Victor Lefranc. — 5 juin 1871. (8 mois et 1 jour.)

De Goulard. — 6 février 1872. (2 mois et 17 jours.)

Teisserenc de Bort. — 23 avril 1872. (1 an 3 mois et 1 jour.)

De la Bouillerie. — 25 mai 1873. (5 mois et 15 jours.)

Deseilligny. — 27 novembre 1873. (5 mois et 19 jours.)

Grivart. — 22 mai 1874.

N° 6.

ENVOI D'UN COMMISSAIRE EXTRAORDINAIRE EN CORSE.

M. Charles Ferry, dit M. Claretie dans son histoire de la Révolution de 1870, fut envoyé à Ajaccio « *avec des pouvoirs suffisants pour tous les cas qui pourraient représenter.* »

N° 7.

TABLEAU DES JOURNAUX SUPPRIMÉS ET SUSPENDUS
DE 1852 A 1868.

SUPPRESSIONS.

Le *Corsaire*,	8 septembre 1852.
La *Tribune de Beaune*,	27 octobre 1854.
La *Gazette de Languedoc*,	5 décembre 1857.
Les *Antilles*,	27 décembre 1857.
Le *Spectateur*,	18 janvier 1858.
La *Revue de Paris*,	»
L'*Univers*,	29 janvier 1860.
La *Bretagne*,	15 février 1860.
L'*Algérie nouvelle*,	17 mars 1860.
La *Gazette de Lyon*,	20 octobre 1860.
L'*Orléanais*,	25 juillet 1862.
Le *Courrier du Dimanche*,	2 août 1866.

Soit onze journaux et une revue supprimés en seize ans, quatre à Paris, cinq en province et deux aux colonies.

SUSPENSIONS.

Le *Journal de la Meuse*,	22 février 1852.
Le *Corsaire*,	3 juillet »
L'*Assemblée nationale*,	4 mars 1854.
La *Revue de Paris*,	24 janvier 1857.
L'*Écho de l'Aude*,	6 février »
L'*Assemblée nationale*,	7 juillet »
La *Foi bretonne*,	15 juillet »
La *Presse*,	4 décembre »
Le *Journal du commerce*,	18 janvier 1858

Le *Colon*,	28 avril 1859.
L'*Espérance du peuple*,	5 juin »
La *Guadeloupe*,	19 octobre 1859.
Le *Colon*,	21 mars 1861.
Le *Propagateur de la Martinique*,	28 décembre 1862.
Le *Courrier de l'Algérie*,	22 avril 1863.
Le *Journal de Rennes*,	1er mai »
Le *Phare de la Loire*,	6 juin »
La *France centrale*,	29 août »
Le *Progrès de Lyon*,	28 novembre 1863.
Le *Courrier du Dimanche*,	31 décembre »
Le *Progrès de Lyon*,	4 juin 1864.
La *Gironde*,	27 juillet 1864.
Le *Courrier du Dimanche*,	24 août »
L'*Union de l'Ouest*,	6 janvier 1865.

Soit vingt et une suspensions, dont cinq seulement à Paris.

Du 24 *Mai* 1873 *au* 1ᵉʳ *Novembre* 1874

MESURES ADMINISTRATIVES	M. BEULÉ. — Mai-Novembre.	M. DE BROGLIE. — Novembre-Mai.	M. DE FOURTOU. — Mai-Juillet.	M. DE CHABAUD. — Juillet-Novembre.	TOTAUX.
Suppressions.	13	6	3	5	27
Suspensions	5	6	7	2	20
Interdictions voie publique. .	66	58	13	26	163
Interdictions, distribution aux abonnés par porteur.	2	5	»	»	7
MESURES JUDICIAIRES.					
Procès.	52	33	11	15	111
Perquisitions domiciliaires et saisies.	11	13	3	4	31
	149	121	37	52	359

Soit : 217 Mesures administratives.
142 Mesures judiciaires.

Du 1ᵉʳ *Juillet* 1871 *au* 24 *Mai* 1873.					
	M. LAMBRECHT. — 1ᵉʳ juillet 1871. 15 octobre 1871.	M. C. PÉRIER. — 15 octobre 1871. 7 février 1872.	M. LEFRANC. — 7 février 1872. 10 décembre 1872.	M. DE GOULARD. — 10 décembre 1872. 19 mai 1873.	TOTAUX.
MESURES ADMINISTRATIVES.					
Suppressions.	»	1	3	3	7
Suspensions	3	3	4	2	12
Interdictions de vente.	7 «	9	1	11	28
Communiqués.	3	2	»	»	5
MESURES JUDICIAIRES.					
Procès.	22	47	43	35	147
Saisies.	4	3	7	1	15
Perquisitions domiciliaires . .	»	»	2	1	3
	39	65	0	53	217

52. Mesures administratives.

165 Mesures judiciaires.

(*Siècle* du 2 Novembre 1874).

APPENDICE.

N° 8.

DÉCRET DU GOUVERNEMENT DE LA DÉFENSE NATIONALE

RELATIF AUX ÉLECTIONS DE 1871.

« Les membres du gouvernement de la défense nationale, délégués pour représenter le gouvernement, et en exercer le pouvoir. »

« Considérant qu'il est juste que tous les complices du régime qui a commencé par l'attentat du 2 décembre, pour finir par la capitulation de Sedan, en léguant à la France la ruine et l'invasion, soient frappés momentanément de la même déchéance politique que la dynastie à jamais maudite dont ils ont été les coupables iustruments;

« Considérant que c'est là une sanction de la responsabilité, qu'ils ont encourue en aidant et assistant avec connaissance de cause l'ex-Empereur, dans l'accomplissement des divers actes de son gouvernement qui ont mis la patrie en danger.

« Décrète,

« Art. 1ᵉʳ — Ne pourront être élus représentants du peuple à l'Assemblée nationale, les individus qui depuis le 2 décembre 1851, jusqu'au 4 septembre 1870; ont accepté les fonctions de ministre, sénateur, conseiller d'État et préfet.

« Art. 2. — Sont également exclus de l'éligibilité à l'Assemblée nationale les individus qui, aux Assemblées législatives qui ont eu lieu depuis le 2 décembre 1851, jusqu'au 4 septembre 1870, ont accepté la candidature officielle, et dont les noms figurent dans les listes des candidatures recommandées par les préfets aux suffrages des électeurs, et ont été au *Moniteur officiel* avec les mentions :

« Candidats du gouvernements;

« Candidats de l'administration;

« Candidats officiels.

« Art. 3. — Sont nuls, de nullité absolue, les bulletins de vote portant les noms des individus compris dans les catégories ci-dessus désignées.

« Ces bulletins ne seront pas comptés dans la supputation des voix. »

Signé : CRÉMIEUX, GAMBETTA,
GLAIS-BIZOIN, FOURICHON.

N° 9.

COLPORTAGE.

Voici les ordures qui peuvent se répandre impunément, sous le régime de l'état de siége, quelques-unes avec l'estampille du colportage :

BADINGUET (Chanson).

Amis rappelez-vous l'histoire
Du forçat
Traître, vil, potentat du déboire,
Renégat;
Il régna pour égorger la France,
Le bandit,
Et pour mieux assouvir sa vengeance
La vendit,

Ce tyran que la patrie abhorre
                De dégoût
Vrai fœtus de Sodome ou Gomorrhe,
                De l'égout.

LES ADIEUX A LA FRANCE.

Tiré d'un recueil de chansons à 10 centimes.

Ils ont signé la honte
Ils ont livré notre pays ;
De cet infâme compte
Votre honneur fut le prix.
Ils ont vendu l'Alsace, etc.

LES FEIGNANTS

A l'Assemblée nationale
On voit s'pavaner sur les bancs
Des députés qui veulent d'Aumale
Chambord ou bien l'homme de Sedan :
Il ne faut plus de c'te clique
Qui nous perdit pendant vingt ans
Crions : Vive la République
Arrière députés paysans !

* *
*

Chaque jour on nous parle de l'ordre
Comme si l'on devait s'égorger ;
Tous les mouchards qui voulaient mordre
Étaient les premiers à l'troubler.
Avec leur épée, leur casse-tête,
Au lieu d'se mettre de la fête,
Ils se cachaient dans des trous de souris.

(Parlé). Tous ces sergents de ville qu'on ne voyait que

quand le monsieur qui nous gouvernait avait envie d'é-
teindre le paupérisme en tuant les ouvriers et les pauvres
gens, eh bien, ces mouchards et leurs acolytes, c'est des
feignants.

MA PETITE CHOPINE.

D'Octavie je demande la main
Je l'épouse, mais, ô surprise !
Pendant la mess' l'jour d'notre hymen
L'on me cherch' partout dans l'église,
L'on n'peut m'trouver, ça se comprend;
Voyant l'prêtr' fair' sa p'tit' cuisine,
Lui voyant licher du vin blanc.
J'étais parti boire un' chopine !

CHANSON.

Bismark se fait vainqueur,
Se couronne de gloire,
Prenant pour de l'honneur,
Cette lugubre histoire.
Des généraux sans cœur
Lui donnaient la victoire,
Sans honte lui vendant
La France argent comptant.

On lit dans *la Presse* (septembre 1872) :

« C'est avec une surprise profonde que nous voyons reparaître ces ordures : des crieurs parcourent les boulevards
de Paris depuis plusieurs jours en offrant aux passants les
Journées de Napoléon III et les *Nuits de Saint-Clou.* »

DÉSASTRE DE SEDAN (*Gravure*).

Le dessin représente l'Empereur, assis dans une calèche à quatre chevaux, *fumant son éternelle cigarette*, dit la légende, et traversant les débris de l'armée française.

« Napoléon III, dit encore la légende, comprit qu'il n'était que temps pour lui de se sauver chez les ennemis. Il fut reçu avec hauteur par le roi de Prusse, qui lui donna pour prison le château de Willemshöhe, où il se rendit aussitôt en traversant la Belgique en chemin de fer, emmenant avec lui une suite nombreuse d'équipages, de voitures et des chevaux de luxe, » etc.

Ce dessin se colportait encore il y a deux mois.

LES TÊTES DE PIPES (*Fantaisie*).

Encore un roi qu'est malade,
Allez donc chercher l' docteur.
Un peu d' tisane et d' panade
Avec un bouillon d'onz' heur'.
Encore un roi qu'est malade,
Allez donc chercher l' docteur.
Un peu d' tisane et d' panade
Avec un bouillon d'onz' heur'.
Eh cric, eh couic, ça ira, ça ira,
Tout ça c'est des têt's de pip's.
Un peu de patience et d' tabac
  Et tout ça s' culott'ra.

Eh cric, et couic, ça ira, ca ira,
Tout ça c'est des têt's de pip's.
Un peu de patience et d'tabac
  Et tout ça s' culott'ra.

N° 10.

LETTRE LIMBOURG SUR LES BROCHURES BONAPARTISTES

Le préfet de Seine-et-Oise vient d'adresser à ses agents la circulaire suivante :

A MM. les sous-préfets, maires, commandants de gendarmerie et comissaires de police.

J'apprends qu'un certain nombre de brochures politiques, et notamment celles intitulées : *les Bienfaits de l'Empire, la Colonne, Il n'est pas trop jeune,* se distribuent dans le département.

Aucune de ces brochures ne porte l'estampille administrative, et aucun des colporteurs qui les distribuent n'est muni de l'autorisation spéciale exigée par la loi de 1849. Leur distribution constitue donc à un double point de vue une contravention.

Je vous prie de rechercher avec le plus grand soin les auteurs de cette distribution, d'inviter les agents placés sous vos ordres à dresser immédiatement procès-verbal des faits de distribution et de colportage qu'ils découvriraient, et à saisir en même temps les brochures ainsi distribuées.

J'ajoute que si ces brochures étaient déposées dans des cafés ou cabarets, je n'hésiterais pas à prescrire la fermeture de ces établissements.

Agréez, messieurs, l'assurance de ma considération très distinguée.

Le préfet de Seine-et-Oise,

H. LIMBOURG.

N° 11.

OPINION DES JOURNAUX

SUR LE SITUATION DU PARTI BONAPARTISTE EN 1875.

DÉBATS (correspondance de Versailles).

« Provoqué de la sorte, M. Rouher ne pouvait guère se dispenser de prendre la parole ; c'est sans doute ce que voulait M. Ricard, et il a manœuvré de manière à produire ce résultat. M. Rouher est trop orateur pour savoir se taire ; il a donc parlé, il a bien parlé, longuement, avec véhémence ; et s'il a prononcé, dans l'entraînement de son discours, des paroles qui nous éclairent, de reste, sur les actes, sur les espérances, sur les doctrines du parti bonapartiste ; en revanche, il a été écouté par la Chambre avec une attention curieuse qui est un signe nouveau des progrès que le parti bonapartiste a faits depuis quelque temps. M. Rouher s'est sans doute aperçu bien vite que sa présence à la tribune, que le mouvement un peu impétueux qui l'avait poussé à répondre à M. Ricard, étaient une faute : rien de plus maladroit, au point de vue parlementaire que le discours de M. Rouher ! Il a pris hardiment son parti de la situation, et, voyant qu'on l'écoutait en silence, il en a profité pour faire une véritable déclaration de principes bonapartistes non plus à l'adresse de l'Assemblée, mais à l'adresse du pays, qu'il a essayé, une fois de plus, d'éblouir par ces grands mots de volonté nationale, d'appel au peuple, de plébiscite, de souveraineté du suffrage universel, dont l'empire s'est servi, a usé, a abusé si longtemps. Interrompu par la gauche, M. Rouher a rappelé les interrupteurs à la pudeur ! Il a demandé à son tour des enquêtes contre les radicaux ; et tout

cela avec une *audace de langage et une fierté d'attitude qui
auraient bien surpris l'Assemblée de Bordeaux.* Que les
temps sont changés!

PAPPEL.

Et c'est après cela que les royalistes s'étonnent de voir
l'impérialisme reparaître, relever le front, organiser des comités que M. Rouher ignore — et préside! C'est après cela
qu'ils s'étonnent de voir M. Rouher casser en pleine Assemblée le plus grand vote de l'Assemblée! Il est certain que
c'est là un fait inouï. Quand même la déchéance n'aurait pas
été prononcée, ce serait une chose difficile à croire que ce
complice de l'étranglement d'une Assemblée osant parler à
une Assemblée; ce serait une chose impossible à concevoir
que ce complice du démembrement de la France osant parler
à des Français; et parler de quoi? parler à l'Assemblée du
régime qui l'a chassée à coups de crosse et à coups de fusil,
et lui en parler avec éloge; parler aux Français du régime
qui leur a arraché l'Alsace et la Lorraine, et les menacer du
retour de cet abominable régime qui n'a pu encore que bles-
ser la France, mais qui, la prochaine fois, la tuerait!

VACQUERIE.

JOURNAL DE PARIS.

Le pays attendait un gouvernement conservateur, et l'Assemblée, divisée contre elle-même, n'a pas su constituer ce
gouvernement que le pays attendait. De là vient que le parti
bonapartiste relève la tête, parce que lui seul, dit-il, peut
donner à la France le gouvernement conservateur qu'elle
attend vainement depuis trois ans. L'Assemblée n'a su profiter ni des occasions ni des circonstances. Au milieu de ses
incertitudes, de ses irrésolutions, de ses faiblesses, le temps
s'est écoulé, comme l'eau qui passe au travers des roseaux.

Et les roseaux, c'est-à-dire, les membres faibles et divisés de l'Assemblée, continuent à fléchir, à se balancer, à se courber dans tous les sens et à tous les vents. Ne comprendront-ils pas que l'heure est venue de s'arrêter enfin et de se fixer? L'Empire est là qui les menace, qui a fait dans le pays des progrès indéniables, — nous avons presque dit des progrès légitimes : car enfin l'Empire est le dernier gouvernement conservateur que la France ait connu. Pour arrêter ces progrès inquiétants, la Chambre n'a qu'une chose à faire : constituer un gouvernement conservateur, constituer le gouvernement du maréchal de Mac-Mahon. Le maréchal s'est trouvé hier complétement à découvert devant les attaques de M. Rouher. Il en eût été autrement si les lois constitutionnelles eussent été votées. Que la Chambre se hâte donc de voter les lois constitutionnelles; qu'elle se hâte de donner au maréchal de Mac-Mahon la seule armure dont il se puisse efficacement couvrir, celle de la légalité.

Louis Joly.

Le centre gauche doit regretter amèrement aujourd'hui d'avoir causé, dans les rangs du parti conservateur, cette division funeste qui a rendu le rétablissement de la monarchie constitutionnelle impossible et qui a privé la France du seul gouvernement conservateur que l'on pût opposer avec succès à l'Empire. Aujourd'hui, entre la République, qui lui inspire une méfiance invincible, et l'Empire, qui semble sortir de son tombeau, le pays hésite, incertain. L'Empire n'est pour lui, en tant que gouvernement conservateur, qu'une sorte de pis-aller. Il est à craindre cependant que la peur de la République ne le rejette quelque jour dans les bras de l'Empire. A moins que le centre gauche, comprenant l'imminence du danger et sentant la nécessité de réparer l'immense faute qu'il a commise, ne se décide à voter les lois constitutionnelles et à opposer aux progrès de l'Empire une barrière infranchissable en organisant les pouvoirs du maréchal de Mac-Mahon.

Louis Joly.

UNIVERS.

M. Rouher a parlé, non en député ordinaire qui se mêle à une discussion, non pas même en ancien serviteur d'un régime tombé qui plaiderait pour lui ; il a parlé en chef de parti. L'ex-ministre impérial ne s'est pas levé pour défendre sa cause attaquée, il est monté à la tribune pour exposer le programme du parti de l'appel au peuple. Ce n'était plus l'avocat de l'empire déchu, c'était presque le héraut de l'empire rétabli. L'Assemblée l'a écouté, le gouvernement s'est tu.

On savait qu'il existait un parti bonapartiste très-actif, très entreprenant, travaillant à se faire jour au milieu des nos divisions, mais contenu par la défaveur publique et par le souvenir de désastres récents autant que par la loi de déchéance. A la face de cette Assemblée, qui l'a frappé d'un vote d'extinction, M. Rouher est venu en proclamer l'existence, et même, devant le pays, qui pouvait croire que c'en était fait de l'empire, il a posé sa candidature aux prochaines élections générales, à un plébiscite.

Le pays, qui attend toujours un gouvernement, reste devant l'empire. M. Rouher le lui a montré au terme de son attente. L'Assemblée, impuissante dans sa souveraineté, s'est laissé contester son pouvoir. Oubliant qu'elle est Constituante, l'orateur bonapartiste a évoqué l'appel au peuple comme le suprême dénoûment de la crise politique. Il lui a presque signifié sa déchéance, au nom du régime déchu.

6881. — Typographie Lahure, rue de Fleurus, 9, à Paris.

9 782019 714260